Chants de la Mère

Chants devotionnels de Sri Mata Amritanandamayi

Volume 4

Mata Amritanandamayi Center, San Ramon
Californie, États Unis

Chants de la Mère, Volume 4

Publié par :
Mata Amritanandamayi Center
P.O. Box 613
San Ramon, CA 94583
États Unis

———————— *Bhajanamritam Volume 4 (French)* ————————

Première édition par le Centre MA : août 2016

En France :
Ferme du Plessis
28190 Pontgouin
www.ammafrance.org

En Inde :
www.amritapuri.org
inform@amritapuri.org

L'importance du chant dévotionnel

Mes enfants, en ce *kali yuga* (âge sombre du matérialisme), pour obtenir la concentration, les *bhajans* (chants dévotionnels) sont plus abordables que la méditation. Si nous chantons à voix haute, nous oublions les bruits environnants, sources de distraction, et nous parvenons ainsi à nous concentrer. Les bhajans, la concentration et la méditation, telle est l'ordre de la progression. Mes enfants, garder le souvenir constant de Dieu, c'est la méditation.

Si les bhajans sont chantés avec concentration, ils seront bénéfiques pour le chanteur, pour l'auditoire et pour la Nature. À force d'écouter de tels chants, un réveil intérieur se produira.

Les bhajans sont une discipline spirituelle dont le but est de concentrer notre esprit sur notre divinité d'élection. Grâce à cette concentration, on peut se fondre dans le Divin et faire l'expérience de la béatitude de son véritable Soi.

Il importe peu que l'on croie en Krishna ou au Christ, en Kali ou en Marie, ou encore en un Dieu sans forme; on peut aussi méditer sur une flamme, une montagne ou sur la paix dans le monde, tout en chantant.

Chacun peut savourer la paix venant du Divin qui est en lui en laissant son esprit se fondre dans le son des chants divins.

Sri Mata Amritanandamayi

Guide de la prononciation

NB : Ces indications sont générales et imparfaites. Elles concernent surtout le sanskrit et le malayalam. Il est donc essentiel d'écouter attentivement la cassette ou le CD pour chanter correctement. Les chants en tamoul et en hindi se prononcent un peu différemment. Par exemple en tamoul, le c de la transcription se prononce comme celui de Céline en français et non tch :

Voyelles

A	comme	a	dans	Amérique
AI	comme	aï	dans	aïe
AU	comme	ao	dans	cacao
E	comme	é	dans	école
I	comme	i	dans	Italie
O	comme	o	dans	or
U	comme	ou	dans	choux

Consonnes

KH	comme	kh	dans	Eckhart en allemand
G	comme	g	dans	garage
H	comme	h	dans	harvest en anglais
GH	comme	gh	dans	loghouse en anglais
PH	comme	ph	dans	shepherd en anglais
BH	comme	bh	dans	clubhouse en anglais
TH	comme	th	dans	lighthouse en anglais
DH	comme	dh	dans	redhead en anglais
C	comme	tch	dans	Tchernobyl
CH	comme	ch-h	dans	staunch-heart en anglais
J	comme	dj	dans	Djibouti
JH	comme	dge	dans	hedgehog en anglais
Ñ	comme	ny	dans	canyon
Ś	comme	sh	dans	shine en anglais mais plus sifflé
Ṣ	comme	ch	dans	cher

Ṅ	comme	**ng**	dans	**si<u>ng</u>**, (nasal) en anglais
V	comme	v	dans	**<u>v</u>allée**
ZH	comme	**rh**	dans	**<u>rh</u>ythm** en anglais
Ṛ	comme	**r**	dans	**<u>r</u>'bouteux** (semi-voyelle)

Les voyelles surmontées d'un trait sont longues, elles se prononcent comme celles indiquées plus haut mais durent deux fois plus longtemps.

Les consonnes qui ont un point en-dessous (ṭ, ṭh, ḍ, ḍh, ṇ, l, ṣ) sont des consonnes palatales, qui se prononcent avec le bout de la langue contre le palais.

Ces mêmes lettres sans le point sont des consonnes dentales, qui se prononcent avec la langue à la base des dents.

Les doubles consonnes sont fréquentes, elles se prononcent et on doit les entendre.

Le ṭ sonne souvent un peu comme un ḍ ce qui n'est pas du tout le cas de ṭṭ qui sonne très dur. Si la personne qui chante est une femme il est parfois nécessaire de changer le genre des mots, par exemple *putran* (fils) devient *putri* (fille), *dasan* (serviteur) devient *dasi* (servante) et *makan* (fils) devient *makal* (fille). Il n'est pas possible de mentionner toutes ces variantes dans ce livre et le public francophone ne s'en apercevra pas. Si vous voulez chanter devant un public indien, vérifiez d'abord que le texte est correct.

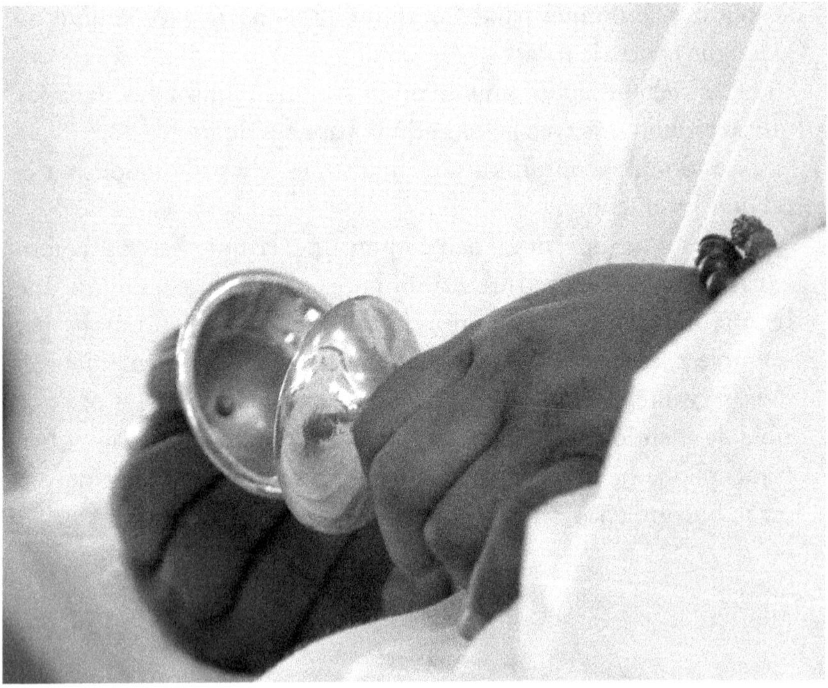

ĀDIŚAKTI BRAHMĀMṚTA

Ādiśakti brahmāmṛta rūpiṇī
ammayāyi vanniraṅgi bhūtalē
kanmaṣaṅgal mātti nēr vazhīykku nī
ñaṅgale nayikkuvān pirannu nī

O Puissance primordiale, Incarnation de la Béatitude de Brahman,
Tu es venue sur terre sous la forme de la Mère.
Pour nous purifier de nos péchés et nous guider
sur la voie de la Vérité, Tu es venue.

Jātimata chintakal marannu nām
makkalāyi onnu chērnnu ninnu nām
kāladēśa bhittikal takarnnahō
śānti tan pularī vannudichitā

Nous ne faisons plus qu'un ; nous, Tes enfants, vivons dans
l'unité, ayant oublié toutes les divisions de caste et de religion.
Les murs du temps et de l'espace s'effondrent ;
voici venue l'aube de la paix.

Svapna lōka tullyamām jagattitil
snēhavarṣiṇi nīyum vannuvō
makkale tuṇaykkuvān uṇarttuvān
tyāgamūrttiyāyi nī jaganmayī

O Mère aimante, Tu es venue en ce monde qui a la nature
du rêve pour nous sauver et nous racheter, nous, Tes enfants.
Tu es la Mère de l'univers et l'Incarnation du sacrifice.

Sarva dukha hāriṇi mahēśvarī
sarva saukyadāyini amṛtēśvarī
sarvapāpanāśanam nin darśanam
sarvadā labhikkuvān tozhunnu ñān

Toi qui balayes toutes les souffrances et exauces tous les désirs, Déesse toute-puissante, immortelle, Ta vision nous purifie de tout péché ; je me prosterne devant Toi afin que cette vision me soit accordée de manière constante.

ĀDIṢĒṢA ANANTA ṢAYANA

Ādiṣēṣa ananta ṣayana
śrīnivāsa śrī vēnkatēṣa

O Vishnu, Tu es allongé dans la position de ananta shayana sur le lit formé par le roi des serpents, Adishesha. Le cœur de Lakshmi
est Ta demeure, O Seigneur Venkatesha.

Pannaga bhūṣaṇa kailasa vasa
gauri patē śambhō śamkara
gauri patē śambhō hara hara

Tu portes des serpents en guise de parure, Tu demeures au mont Kailash, Seigneur de Gauri, Shambo Shankara, Siva.

Yadukula bhūṣaṇa yaśōdā tanaya
rādha patē gōpālā kṛṣṇā

Joyau de la dynastie des Yadavas, Fils de Yashoda,
Seigneur de Radha, O petit pâtre, Gopala Krishna

Raghukula tilaka raghu rāmachandra
sītā patē śrī rāmachandra

O Prince de la dynastie des Raghus, Ramachandra,
Seigneur de Sita, Rama.

Pandarināthā pānduranga
jay jay viṭṭhala jaya hari viṭṭhala

Seigneur de Pandari, Panduranga, victoire à Vittala.

AKATĀRILARIVINTE

Akatārilarivinte
olinālam telichu
avirāmam vijayippor-
abhirāma mūrttē

Tu allumes dans le cœur la lampe de la Connaissance,
O Incarnation de la Beauté, toujours victorieuse.

Amṛtēśvarī ennil
uṇarum vīchāraṅgal
amṛta sughandhikal ākkū

O immortelle Déesse, puissent les pensées qui naissent
dans mon esprit avoir le parfum du nectar.

Kuññilam tennalāl
tenni vīṇuṭayunna
maññilam tulliyānente janmam
eṅkilumāyattil ūyalāṭunniten
āśakal tāraka pūvirukkān

Ma vie est fragile, goutte de rosée qui risque de choir
au moindre souffle. Et pourtant, mes désirs téméraires
montent vers les cieux au point de vouloir cueillir les étoiles
comme on cueillerait des fleurs.

Vākkil kurukum porulinte pūrṇṇataykkā
ātmavilūṭartha rāśi tētum
tīrthāṭakan ñān namikkunnu chinmayī
vākkum vichāravum snigdhamākkū

En quête du Soi, je m'efforce d'accéder à la Vérité contenue dans les paroles profondes (des Écritures). Je ne suis qu'un simple pèlerin, O Incarnation de la connaissance, je me prosterne devant Toi. Daigne conférer la douceur à mes paroles et à mes pensées.

AKATTIL IRRUPPAVALE

Akattil iruppavale ammā
nilattai valarppavale
manattil tiruvaṭi makizhnta ninaittida
valatte tarupavale

O Mère, Tu résides dans mon cœur, Toi qui accordes tout ce qui est bon, je T'en prie, accorde moi cette faveur : puissé-je me rappeler Tes pieds de lotus et connaître ainsi la béatitude, O Déesse d'Amritapuri.

Kaṭalin alaitazhavum tennai
kavitai mazhai pozhiyum
maṭalin maṇam kamazhum anke
annai mukham teriyum
amṛtapurēśvariye ammā
mamgala nāyakiyē

Là où les vagues balayent doucement le rivage,
où les palmiers, bercés par le vent, chantent des poèmes,
là où les fleurs répandent leur doux parfum,
là brille le visage resplendissant de Mère.

Amṛta puriyinile antru
pirantatum nī tāne
kārttikai mātarasi kanintu
koṇṭatum unaittāne

Tu es née à Amritapuri, c'est au mois de Kartika
que Tu es venue T'incarner parmi les dévots.

Uṇmai teriyātā ammā
ullam irankātā
annai pūraṇīyē ammā
mamgala nāyakiyē

N'es-Tu pas l'Incarnation de la vérité ?
O Mère de l'univers, daigneras-Tu descendre vers nous,
Toi qui donnes à tous ce qui est bénéfique ?

Āyiram itazhkalin mēl ammā
amarntu pārttiṭuvāy
seykalin tuyarkalaiyē dēvi
cheruttu kāttiṭuvāy

Assise dans le lotus aux mille pétales, Tu prends soin de tous.
Tu rachètes les erreurs que nous commettons par ignorance
et ainsi, Tu nous sauves.

Ēzhai eliyavaril tāye
ēkkam pōkkiṭuvāy
kōzhai manatinīle koñcham
vīram tanttiṭuvāy

Tu soulages la douleur des pauvres et des malheureux,
Tu insuffles le courage aux poltrons.

ĀKHILĀṆḌĒŚVARĪ AMBĒ

Ākhilāṇḍēśvarī ambē
jay mā (4x)
abhayapradāyini ambē
jay mā (4x).

O Mère, Souveraine de l'univers,
Toi qui nous accordes refuge, gloire à Toi.

Śakti svarūpini...jay mā
hē śubhadāyini...jay mā
samkaṭa mōchini ambē
jay mā (10x)

Incarnation de la puissance, Tu accordes la pureté
et Tu nous libères du chagrin, gloire à Mère.

Mamgaladāyini...jay mā (4x)
mantra vihārini...jay mā (4x)
hē śritapālini...jay mā
śiva hṛdi vāsini...jay mā
atulita rūpini ambē
jay mā (10x)

Toi qui rends tout favorable, Incarnation de tous les mantras sacrés,
Tu protèges ceux qui prennent refuge en Toi, Tu vis dans le cœur de Shiva, Mère à la forme incomparable, gloire à la Mère.

AMBĀ BHAVĀNĪ PARĀTPARĒ

Ambā bhavānī parātparē
ambā śivānī dayānidhē
bhavasāgar sē mujche bachāō
abhayahast mujchedījiyē

Mère Bhavani, Tu transcendes tout, Mère Shivani,
Trésor de compassion, sauve-moi de l'océan
de la transmigration, donne-moi refuge.

Jay jay śamkarī jay abhayamkarī
jay śamkarī jay paramēśvarī
jay jay śamkarī jay bhuvanēśvarī
jay śamkarī jay hṛdayēśvarī

Victoire à Shankari dont les actions sont bénéfiques,
victoire à Toi qui nous accordes refuge.
Victoire à la Déesse suprême, à la Déesse
de l'univers, à la Déesse du cœur.

Tum hī dēvi jagadādhār
sab jīvōm mē antaryāmī
aviratasānti barsāō
sakalapāp sē mukt karō

O Déesse, Tu es le substrat de la création,
Tu demeures en tous les êtres.
Répands sur moi la paix éternelle,
O Déesse, libère-moi de tous les péchés.

Guṇ gātā hum tērē mātē
hṛday tumhārā dhām banāō
śaraṇāgat kō śaraṇ mē lē lō
paramaprēm bharō man mē māyē

Je chante Ta gloire, O Mère, fais de mon cœur Ta demeure.
Accorde-moi refuge éternel en Toi.
O Maya, remplis mon cœur d'Amour divin.

AMMĀ AMMĀ BHAIRAVIYĒ

Ammā ammā bhairaviyē
amṛtānandamayī śāmbhaviyē
ammā tripura sundariyē
ānanda vaṭivē īśvariyē

O Mère, Epouse de Shiva, Incarnation de la béatitude immortelle,
Ta beauté surpasse tout ce qui existe dans les trois mondes,
grande Déesse, Tu es l'Incarnation de la béatitude.

Amṛtānanda mayamānāy
akhilam kākkum tāyānāy
kamale vimale bhagavatiyē
kāli gauri vallaviyē

Tu débordes de béatitude immortelle, Tu es la Mère
qui protège le monde entier. O Toi, pareille au lotus,
Toi qui es pure, Tu es Bhagavati, Kali et Gauri,
il n'est rien qui Te soit impossible.

Munivar pōtrum mōhiniyē
mukkaṇ nāyaki mīnāṭchi
kanivāy arulum karpakamē
kaṭaikkaṇ pārppāy jñānāṭchi

Les sages glorifient Ta forme enchanteresse,
O Epouse du dieu aux trois yeux (Shiva).
Daigne nous apparaître et nous bénir.
D'un seul regard venu de l'œil de la sagesse,
Tu peux nous accorder toutes les faveurs désirées.

Kadamba vanattil uyarmakalē
kanaka valli tirumakalē
kadamba mālai punaipavalē
karppūra dīpam ērppavalē

O grande Déesse, Tu habites la forêt de kadamba,
Mère chérie, Tu répartis toutes les richesses,
Tu portes une guirlande de fleurs de kadamba ;
Tu acceptes en adoration la flamme du camphre
avec laquelle on décrit des cercles devant Toi (arati).

Gangai karaiyil viśālākṣi
kāñchi nagaril kāmāṭchi
pomkum kāviri ātrōram
pūkkum paśum pon unatāṭchi

Tu es la déesse Vishlakhi qui demeure sur les rives du Gange ; dans la ville de Kanchi, Tu es Kamakshi. Les richesses florissantes que l'on voit sur les rives de la Kaveri en crue sont le pur fruit de Ta grâce.

AMMĀ KĪ CHĀYĀ MĒ

Ammā kī chāyā mē mērā saphar
yē tērī kṛpā hē mērī mā
kitanē pāp mēnē kiyē
tū nē mujhē phir bhī apenāyā

Le voyage de ma vie se déroule à l'ombre protectrice et rafraîchissante que me procure Mère. Cela est dû uniquement à la grâce de ma Mère.
Combien de péchés ai-je commis ? Et pourtant, O ma Mère, Tu m'as accepté comme Ton enfant.

Jaltī huyī naklī galiyō mē
bhaṭaka rahā thā mērī mā
pyār ki ik bunda kē liyē
taḍapa rahā thā jagadambā

O Mère, j'errais sans but dans les rues chaudes, brûlantes, de l'illusion.
O Mère de l'univers, je cherchais désespérément une goutte d'amour.

Duniyā kē māyā sāgar mē
ḍūb rahā thā mērī mā
bālō sē pakaḍa kē mujhē
kaisē bachāyā jagadambā

Je me noyais dans l'océan illusoire de ce monde. O ma Mère, comment as-Tu réussi à me saisir par les cheveux et à me sauver ?

Tujhē mē kyā dē sakū
tērē bāg kā paudhā mā
śabnam banē mērē āsū
tērē charaṇō pē arpit mā

Que pourrais-je donc T'offrir, Mère ?
Je ne suis qu'un petit arbuste dans Ton jardin ;
mes larmes sont devenues des gouttes de rosée
que je dépose à Tes pieds.

AMMĀ UN PUNNAGAYIL

Ammā un punnagayil
ulakamellām mayankidumē
ammā un tiruvadiyil
akhilamellām odunkidumē

Mère, Ton sourire divin enchante le monde entier ;
la création entière se fond en Tes pieds sacrés.

Pārve ontrē pōtum ammā
tī vinaikal ōdidumē
kanivudanē kaṇpārttu
piravikkadal kadattiduvāy

Un regard de Ta grâce suffit à dissiper tous les mauvais karmas.
De Ton regard divin, fais-moi traverser l'océan de la naissance et de la mort.

Vēlēntum kaumāri atai
vem puṇṇil pāychāmal
vēṇdiyate tantaruli
vilankiduvāy en manatil

O Déesse Kaumari, Tu brandis le javelot, ne le plante pas dans mes blessures infectées, qui saignent. Daigne m'accorder ce qui est bon pour moi et briller à jamais dans mon cœur.

Vēṇdām ini piravi ontrum
pirantālō vēṇdu vatu

nīnkāmal un ninaivil
nilaittirukum gati vēṇḍum

Je n'ai aucun désir de renaître, mais si tel est mon destin,
daigne faire en sorte que je me souvienne constamment de Toi.

ammā amṛtēśvarīye...

AMMAYUPĒKṢA

Ammayupēkṣa kāṇichīṭukil pinne
kuññinu gatiyuṇṭō
amma mukham tirichālilam kuññinte
kaṇṇukal tōrnnī ṭumō

Si la Mère néglige Son enfant, a-t-il un autre refuge ?
Si la Mère détourne la tête, les yeux de l'enfant seront-ils
jamais secs ?

Amma tan tēn mozhi kātōrttu
nilkumī kuññine yōrkukillē
kālum manassil kulirmazha peyumā
nādamutil kukillē

Daigneras-Tu te rappeler cet enfant qui attend, de tout son être,
d'écouter le nectar de Tes paroles ? Les entendrai-je ?
Elles sont comme la pluie sur un mental en feu.

Vēdanakal tande bhāṇavumāyilam
paitalaṇaṇiṭunnu
vēdavēdāntaṅgal vāzhtti stutikkuna
mātāvu nīyaliyillē

Ce petit enfant vient à Toi chargé d'un ballot de souffrances.
O Mère, Toi que glorifient les Védas et les Upanishads,
daigne faire preuve de compassion.

Vērpāṭin dukhamām vēnalil nīyoru
varṣamāy vannaṇayū
viṅgum manassumāy vāṭikkariṇṇiṭum
vallikalkamṛtu peyu

Viens à moi comme une pluie torrentielle dans l'été brûlant de la tristesse, la tristesse d'être séparé de Toi.
Daigne verser un peu de nectar sur les lianes brûlées et fanées.

AMṚTA DĀYINIYAMMĒ

Amṛta dāyiniyammē anupamaguṇa nidhē
avikala śānti nalkū abhayapradē
azhivillā jñāna jyōtinilayamē nirupamē
akhilarum vāzhttunnu nin apadānaṅgal

O Mère, Source de la béatitude, Tu es un trésor de mérites inégalés.
Daigne m'accorder la paix éternelle, O Toi qui accordes refuge.
Toi, la Connaissance lumineuse, incommensurable, Toi l'Incomparable, tous les êtres s'unissent pour célébrer Tes actes glorieux.

Azhakezhum mukhapatmam akatāril viriyumbōl
azhalellām kozhiyum vannilla kaivarum
pārijāta kusumattinnābhavellum padāmbujē
pārilellām parakkaṭṭe ninte vaibhavam

Quand Ton sourire radieux illuminera mon esprit, toute souffrance disparaîtra
et je m'élèverai vers des hauteurs divines. Tes tendres pieds surpassent en beauté la fleur parijata, qui fleurit au paradis.
Puisse Ta grandeur être connue dans le monde entier

Maruvuka satatam nī mānasamām śrī kōvilil
marataka maṇivarṇṇē mamatāpahē
charitārtthan āvaṭṭe nin charaṇa smaraṇayālē
kaniyuka dēvi nityam anugrahikū

Tu as l'éclat d'une émeraude ; Toi qui détruis tous les attachements, demeure dans le temple de mon cœur. Puissé-je être béni et me souvenir de Tes pieds sacrés. Répands sur moi Ta compassion, O Déesse, accorde-moi Ta bénédiction éternelle.

AMṚTAKALĒ ĀNANDAKALĒ

Amṛtakalē ānandakalē
avikalajīvita dānaratē
hēmalatē suralōkanutē
nikhila manohara dānaratē

O Mère, Incarnation de la béatitude éternelle,
Tu nous accordes de mener une vie pure ;
Déesse vénérée dans le monde éternel
des êtres célestes, Tu exauces tous les désirs.

Ammē śaraṇam dēvi śaraṇam
jay jay kāli kapālini śaraṇam (2x)

Nous prenons refuge en Mère, nous prenons refuge en Dévi.
Nous prenons refuge en Kali, gloire à Kali.

Sāmanutē samgītaratē
vēdapurāṇa payōdhisudhē
śōkaharē kalipāpaharē
śuka nārada pūjita pādayutē

O Mère, les chants divins des Écritures Te vénèrent, Toi qui vis dans l'extase de la musique. Tu es le nectar du vaste océan des Védas et des Puranas. Tu balayes chagrins et péchés. Tes pieds sacrés sont vénérés par les grands sages eux-mêmes (Shuka et Narada).

Śrī lalitē girirājasutē
śruti mantra vihāriṇi mañjupadē
śivaramaṇi śubha bhāvayutē
śrī nāthā sahōdari haimavati

O Lalita, Fille du roi des montagnes, Tu demeures dans la montagne sacrée des Védas. Epouse chérie de Shiva, Ta nature est d'être propice. Tu es la sœur de Vishnu et la fille d'Himavan.

Prēmamayī praṇatābhayadē
karuṇāmṛta varṣiṇi guhajananī
jaya jananī jagatām jananī
jaya kālikapālini mantramayī

O Mère, Incarnation de l'Amour, Tu accordes refuge à ceux qui T'implorent, O Source de compassion infinie, Mère de Guha.
Gloire à la Mère de l'univers, gloire à Kali, qui porte une guirlande de crânes, l'Incarnation des mantras sacrés.

AMṚTAMAYĪ PRĒMAMAYĪ

Amṛtamayī prēmamayī
amṛtānandamayī amṛtānandamayī

O Toi l'Immortelle, Incarnation de l'amour, Tu es établie dans la béatitude immortelle.

Sarvamayī sarvēśvaryamayī
satchinmayī chinmayī

Tu es la Souveraine et l'Essence de toute chose,
l'Incarnation de la Vérité et de la Connaissance.

Arivē arivinnuravē tava
smitamē iha āgamam
manamē mana mōhinī smaraṇam
śōka mōha vināśanam

Tu brilles de la lumière de la connaissance ; les Védas sont Ton sourire.
Tu te manifestes sous la forme du mental, O Enchanteresse,
Ton souvenir détruit le chagrin et l'illusion.

Amṛtē amṛtakalayē [kalayē ātmanilayē]
ennarikil varika śubhadē [lasitē prēmalasitē]
taru nī oru varam nī
śiva vāma bhāganilayē

O Déesse immortelle, Toi l'Eternelle, viens près de moi.
Toi qui es propice, accorde-moi une faveur,
Toi qui ornes le côté gauche de Shiva.

AMṚTĀNANDAM CHORIYUNNAMMĒ

Amṛtānandam choriyunnammē
hṛdaya sarassil śrutiyāy
gītamāy bhavamāy nī nirayū

Tu es la Mère qui accorde la béatitude immortelle ;
de Ton chant d'amour mélodieux, remplis mon cœur.

Malarin maṇamāṇu nī en
manassil dhanamāṇu nī
kavibhāvanayāy viṭarunnammē
madhurita chintayuṇarttu ninnuṭe
surabhila chintayuṇarttū

O Trésor de l'esprit, parfum de la fleur, quand Tu T'épanouis en moi,
Tu m'inspires des poèmes. Eveille mon âme, insuffle-lui
de douces pensées parfumées, dont Toi seule soit l'objet.

Kanivin kaṭalāṇu nī ammē
azhal pōkkum arivāṇu nī
avirāmam aviṭutte gatiyāchikkunnu
oru pūjāsūnamāy svīkarikkū enne
tavapūjā sūnamāy svīkarikkū

Océan de compassion, Tu es la Connaissance
qui détruit le chagrin. Cet orphelin Te supplie de l'accepter
comme une fleur offerte en adoration.

AMṚTA VĀHINI

Amṛta vāhiniyāyiṭṭavaniyil avatari-
chamarum nāyikē ninne kai vaṇaṅgunnēn
śruti yuktyanūbhavaṅgal orumichu vilayicho-
ratulya sundara rūpam vijayichālum

Salutations au Guide qui s'est incarné sur cette Terre
sous la forme du véhicule de l'immortalité.
Gloire à cette forme incomparablement belle,
à l'Incarnation de la raison, de l'expérience
et de toute la connaissance contenue dans les Védas.

Titti tāra titti tai ti tai taka tai tai tom
Tai tai tai tai tai tai tai tai titai taka tai tai tom
Titti tāra titti tai ti tai taka tai tai tom
Titti tāra titti tai ti tai taka tai tai tom
Mati banda makaluvān pakal iravukal ellām
pāṭu peṭunnavar kkennum abhaya dātri
atiratta karuṇayō ṭamaruṇitā namukkum
paramātma svabōdhatte yuṇarttīṭuvān

Tu apportes le réconfort à ceux qui luttent jour et nuit pour se libérer des attachements. Dans Ta compassion infinie, Tu attends le moment favorable pour éveiller en nous la Conscience suprême.

Bhava nadi ttirakale kaṭannozhukuvānini
samayamāy samartthharē pōruka niṅgal
kai piṭichu karēttuvān karuti nilpa tuṇṭamma
kaṇṭuvō nammalkku nanma varuvānāyi

Le temps est maintenant venu de traverser les vagues de l'attachement au monde.
Si tu es assez intelligent, viens. Ne vois-tu pas que Mère est prête à nous prendre par les mains pour nous tirer sur la rive, à nous bénir en nous accordant la prospérité ?

Vrata mantra japamellām vṛthāvil ākilum guru
karuṇatan mizhi tannāl phalam nirṇṇayam
parihasichālum janam pari bhavi kkarutu nām
parama pāvaniye ttān ārādhichālum

Même si nos observances et les mantras que nous récitons s'avèrent insuffisants, si le regard plein de compassion du guru se pose sur nous, tout ce que nous désirons nous sera accordé. Si les autres se moquent de nous, n'en soyons pas humiliés, continuons à vénérer cette âme grande et pure (Mère).

Tikavutto raviṭutte ttiruvullam aliññennāl
tikavinnāy namukku pinnalaññiṭēṇṭā
mananamceytakam teliññuṭal abhimānam nīṅgi
svarūpa sudhārṇavattil turññu pōkām

O Mère! Ta nature est plénitude. Si Ton cœur fond,
alors nous n'aurons plus à errer dans le monde
en cherchant le contentement. En méditant sur cette vérité,
purifions notre cœur. Libérons-nous de l'identification au
corps et voguons vers le Soi en navigant sur l'océan de nectar.

Atu nukarnnu ṇarumbōl erul alayakalum
pinnakhilāṇdam prabhā pūrṇṇam chinmaya mākūm
anarghamā matu nēṭān kṣaṇa nēram kalayāte
amṛta vāhiniyil pukkabhayam tēṭū

Quand nous aurons bu ce nectar impérissable, les vagues de
ténèbres disparaîtront et l'univers entier se fondra dans la
Lumière et dans la Connaissance divines.
Sans perdre un instant, œuvrons pour atteindre le seul but
digne de nos efforts.
Cherchons un refuge éternel en ce vecteur de l'immortalité !

AMṚTĒŚVARĪ HṚDAYĒŚVARĪ

Amṛtēśvarī hṛdayēśvarī (2x)

Immortelle Déesse, Déesse du cœur.

Karuṇā sāgarī amṛtēśvarī
kanivāy varuvāy amṛtēśvarī
kāmākṣi mīnākṣi amṛtēśvarī
kāśi viśālākṣi amṛtēśvarī

O Océan de compassion, daigne faire preuve de miséricorde et apparaître devant moi. Tu es Kamakshi, Tu es Minakshi, Tu es Kashi Vishalakshi, O Déesse immortelle.

Manamē un kōvil amṛtēśvarī
mamgala dēvi amṛtēśvarī
gunamē kāṇikai amṛtēśvarī
kuṅkuma nāyaki amṛtēśvarī

Déesse propice, mon cœur est Ton temple, mes qualités sont l'offrande,
O Déesse du kumkum (vermillon), Déesse immortelle.

Dukha nivāriṇi amṛtēśvarī
tudīppōrkkarūl tarum amṛtēśvarī
kaṣta nivāriṇi amṛtēśvarī
kātchi taruvāy amṛtēśvarī

Tu effaces toutes les souffrances, quiconque Te vénère est béni. Tout au long de la vie, Tu détruis les obstacles qui se dressent sur notre voie, daigne nous révéler Ta forme, O Déesse immortelle.

AMṚTĒŚVARĪ JAGADĪŚVARĪ HĒ MĀTṚRŪPA

Amṛtēśvarī jagadīśvarī
hē mātṛrūpa mahēśvarī
mamatāmayī karunāmayī
hē mātṛrūpa mahēśvarī

O Déesse immortelle, O Impératrice de l'univers,
venue sous la forme d'une Mère, Tu débordes
d'amour maternel et de compassion.
Tu es l'Impératrice de l'univers.

Jagajīvanī sañjīvanī samasta jīvanēśvarī
hē mātṛrūpa mahēśvarī

Tu donnes vie à l'ensemble de l'univers, Toi qui ressuscites tous les êtres, Reine de toutes les âmes. Tu es l'impératrice de l'univers, venue sous la forme d'une Mère.

Kṛpālinī jagatāriṇī pratipal bhuvana hṛdayēśvarī
hē mātṛrūpa mahēśvarī

O Déesse pleine de compassion, Tu fais traverser l'océan de la transmigration à toutes les âmes de l'univers,
Tu règnes dans le cœur des habitants de cette terre.

Tamahāriṇi śubhakāriṇi manamōhinī viśvēśvarī
hē mātṛrūpa mahēśvarī

O Reine du monde, Tu dissipes les ténèbres,
Cause de tout ce qui est favorable, Toi qui enchantes l'esprit,
Tu es l'Impératrice de l'univers venue sous la forme d'une Mère.

AMṚTĒŚVARĪ ŚRITAPĀLINĪ

Amṛtēśvarī śritapālinī
jagadīśvarī jayabhairavī
mṛtināśinī mamjulē
jayadāyinī śāradē

O Déesse de l'Immortalité, Tu accordes protection à Tes dévots.
O Souveraine de l'univers, victoire à Toi, Bhairavi.
Tu détruis la mort, O belle Déesse, Tu accordes la victoire, Toi, la Déesse du savoir.

Jananāyakī jayaśankari
janaraṇjinī śāmbhavī
bhavatārinī bhayahāriṇī
bhuvanēśvarī bhāratī

Tu es le Guide de l'humanité. Victoire à Toi, O Shankari. Tu ravis tous les êtres, Épouse de Shiva, Tu nous délivres des ténèbres de la transmigration et Tu dissipes toute peur. Déesse de la terre, Tu résides dans la lumière de cette Connaissance.

Śivakāminī śubhakāriṇī
śruti pālinī śrīkarī
svararāgiṇī suranāyakī
sukhadāyanī sundarī

Bien-aimée de Shiva, Ta nature est propice,
Tu es le support des Védas et Tu accomplis des actes saints.
Tu es le mode et la mélodie de la musique ; Tu es le Guide des êtres célestes, O Toi qui accordes le bonheur, O belle Déesse.

Karunāmayī kalināśinī
kavitāmayī kālikē
guru rūpiṇī girinandinī
gajagāminī ambikē

Incarnation de la compassion, Tu détruis le mal,
Déesse de la prospérité, Kali, Tu as pris la forme du guru.
Fille de la montagne, Tu avances avec la majesté d'un éléphant, O Mère.

ĀNANDA JANANĪ

Ānanda jananī ātamkaśamanī
ālōla nayanē mā
prēmārdra hṛdayē pūrṇṇēndu vadanē
pīyūṣa nilayē mā

O Mère de Béatitude, Tu détruis la souffrance,
Tes yeux sont magnifiques et l'amour rend Ton cœur tendre.
Ton visage radieux évoque la pleine lune, Fontaine de nectar.

Manamōhanāmgī matidānaśīlē
mṛtijanmarahitē mā
maṇipūra nilayē mṛduramya vachanē
madhuvarṣaniratē mā...
madhuvarṣaniratē mā

Mère à la forme enchanteresse, c'est Toi qui accordes le discernement.
Tu ne connais ni naissance ni mort, Tu demeures dans le manipura chakra. Tu nous délectes de paroles douces comme le miel.

Karuṇaika nilayē suravandya charaṇē
kavi gīta charitē mā
kaivalya sadanē kāvyādi rasikē
kāmēśa dayitē mā...
kāmēśa dayitē mā

Fontaine de compassion, les êtres célestes chantent Tes louanges et les poètes Ta gloire.
Incarnation de la libération, c'est Toi qui inspires
les chefs d'œuvres littéraires, Epouse de Shiva.

Himaśailajātē hṛdayēśidurgē
hēramba jananī mā

viśvaika vandyē vēdantavēdyē
vāgdēvi varadē mā...
vāgdēvi varadē mā

O Fille de l'Himalaya, Tu résides dans nos cœurs, O Durga,
Tu es la Mère de Ganesh et le monde entier Te vénère.
Tu incarnes les vérités proclamées par les Upanishads,
O Déesse de la parole, Toi qui nous accordes des faveurs.

ĀNANDA VĪTHIYILŪDENTE

Ānanda vīthiyilūdente atmāvu
ādi rasichu nadannoru nāl
ā nimiṣaṅgalil rāgādi vairikal
ōdiyolichiten gahvarattil

Un jour, il y a bien longtemps, mon âme dansait en extase
sur la voie de la béatitude. Alors, tous les ennemis intérieurs
tels que l'attraction et la répulsion s'enfuirent et allèrent se
cacher dans les recoins les plus profonds de mon esprit.

Enne maraññu ñān ennilūṭannoru
tankakkināvil layichu
ankurikkunna manasile aśakal
pankamilāte teliññu

M'oubliant, je me fondis dans un rêve doré
jailli de mon être intérieur. De nobles aspirations
virent le jour dans mon esprit.

Ponkaravallariyālen nerukayil
amma talōṭukayāyi
ente yī jīvitam ammaykkennōti
namra śiraskayāy ninnu

La Mère divine de l'univers me caressa la tête de ses mains douces et lumineuses. Je restai debout, la tête inclinée avec respect et je dis à la Mère divine que ma vie Lui était consacrée.

Annamma chonna mozhikalōrttinnu ñān
nannāyi kōrittarippū
satchinmayī sarvasatya svarūpiṇī
nin vachanaṅgal śravikkām

Aujourd'hui encore, je tremble de béatitude en me rappelant les paroles de Mère. O pure Conscience, Incarnation de la Vérité, je vivrai en accord avec Tes paroles !

Mandasmitam tūkiyā divya jyōtiss
ennilēykkāzhnnu layichu
kōṭiyabdaṅgal pinniṭṭa kathakalen
chāru sirayiludichu yarnnu

En souriant, Elle se transforma en lumière divine et se fondit en moi. Les évènements de millions d'années défilèrent alors devant mon œil intérieur.

Mānava janmam kṛtārtthamākkīṭuka
mālōkarēyennu chollān
enmanatāril niraṅgal pakarnnamma
ennōdu tannura cheytu

Mère me dit alors de demander aux êtres humains d'accomplir le But de la vie. Mon esprit s'épanouit, baigné dans la lumière multicolore du Divin.

Annutoṭṭanyamāy kkāṇān kazhiññilla
ellāmentātmāvennōrttu
sarvēśiyōdu layichu naṭannu ñān
sarva bhōga tyaktayāyi

A partir de ce jour, je fus incapable de percevoir quoi que ce soit comme différent ou même séparé de mon Soi intérieur ; tout ne faisait plus qu'un. Je me fondis en la Mère divine, les plaisirs de ce monde perdirent alors pour moi tout attrait et je renonçai à eux.

Ninnil layikkuka nī manujā
ennamma paraññа tatvaṅgal
pāriṭamokke muzhakki naṭannu ñān
pāpikalkkāśrayamēkān

« O Homme, ne fais plus qu'un avec Ton Soi ! » Cette vérité sublime prononcée par Mère, je la proclame au monde entier. Puisse-t-elle être le refuge et le réconfort de tous ceux qui ploient sous le fardeau de souffrances innombrables.

Bharata bhūmiyil āyiram āyiram
jñānikal janmam eṭuttu
manvantaraṅgalkkum appuram māmuni
sattamar kaṇda tatvaṅgal

Des milliers et des milliers de yogis sont nés dans le pays de Bharat (l'Inde) et ont vécu selon les principes que les grands sages de jadis ont perçus dans leur méditation.

Marttya lōkattinte dukham akattuvān
etrayō nagna satyaṅgal
pōrikennōmalē jōli nirtti nī
entētu tanne yennennum

Pour guérir les souffrances de l'humanité, il existe des vérités profondes.
« Mes enfants chéris, abandonnant toute autre tâche, venez à moi.
Vous êtes miens à jamais. »

ANANTA RŪPIṆI

Ananta rūpiṇi ananta guṇavati
ananta nāmini girijē mā

O Mère Girija aux formes et aux attributs infinis,
Toi dont les noms sont innombrables,

Jagajananī trilōka pālini
viśva suvāsini śubhadē mā
durmmati nāśini sanmatidāyini
bhōga mōkṣa sukha kāriṇi mā

Tu es la Mère qui protège les trois mondes. Tu es propice, Tu es ma Mère, bénis-moi. Tu apportes au monde ce qui est favorable et Tu accordes à tous le bonheur, à ceux qui recherchent les plaisirs du monde comme à ceux qui aspirent à Dieu.

Paramē pārvatī sundari bhagavatī
durgē bhāmati tvam mē mā
prasīda mātar nagēndra nandini
chira sukha dāyini jayadē mā

O Incarnation du Suprême, Fille de l'Himalaya,
belle Déesse, Tu es Bhagavati, la terrible Durga et Tu es ma Mère.
Bénis-moi, Mère, Tu es la béatitude de Shiva, Tu accordes
le bonheur éternel, O Toi qui es victorieuse, O ma Mère.

ANBĀṬIKKAṆṆANTE PĀDAṄGAL

Anbāṭikkaṇṇante pādaṅgal
puṇarum ponchilanbāyenkil
tṛkkarattāriṇa puṇarnnu ninnīṭunna
ponnōṭakkuzhalāyenkil kaṇṇā

Que ne suis-je les bracelets de cheville embrassant les pieds de Kanna, à Ambadi. Que ne suis-je la flûte dorée caressant les paumes de Ta main, O Kanna.

Nin narumpuñchirittēn nukarnnīṭunna
madhubhṛ gamāyenkil
janmaśataṅgal nīntikkaṭannente
jīvitam dhanyamāyēnē kaṇṇā

Que ne suis-je l'abeille goûtant le doux miel de Ton tendre sourire !
Ma vie serait bénie, j'éviterais des milliers de naissances.

Nin chāru rūpam ninachu ninachival
sarvam maraṇirunnenkil
añjali kūppi ñān tozhutu vilikkunnu
dēvā kanivarulū kaṇṇā kanivarulū

Si seulement je pouvais tout oublier en me rappelant constamment Ta forme magnifique.
Les mains jointes, je pleure en T'appelant,
O Seigneur, aie pitié de moi ! O Kanna, aie pitié de moi !

ĀSŪ BHARĒ

Āsū bharē nayanōm sē
pūchē rādhā śyām sē
rādhē śyām ō...rādhē śyām
kyō ham kō chōḍ gayē

Les yeux remplis de larmes, Radha demanda à Sri Krishna :
« O Radhe Shyam, pourquoi es-Tu parti en nous abandonnant ? »

Kucha kēhakar nahi gayē
na sandēsa vō dē gayē
muḍkar bhi nā dēkh gayē
anāth ham tō hō gayē
rādhē śyām ō...rādhē śyām

Il est parti sans dire un mot, sans nous laisser aucun message de consolation, il n'a pas regardé une seule fois en arrière. Hélas! Sans Lui, nous voilà devenues orphelines.

Sapnā hē sach nahi
kānhā itnē kaṭōr nahi
kehatā hē man yē mērā
yahā kahi vō chip gayē
rādhē śyām ō...rādhē śyām

Ce n'est qu'un rêve; cela ne peut pas être vrai.
Krishna n'a pas un cœur de pierre, pas à ce point.
Mon cœur me dit que Krishna se cache près d'ici, c'est certain.

Tū na āyā to sunalē śyām
asuvan ki jamunā bahēgi
dūbēgi yē vṛndāvan

rādhā phir kabhi nahi milēgi
rādhē śyām ō...rādhē śyām

Si Tu ne reviens pas, O Seigneur, mes larmes couleront
comme la rivière Yamuna et Vrindavan tout entier
sera submergé par un flot de chagrin. Alors,
Tu ne reverras jamais plus Ta Radha bien-aimée.

Tujē mērī kasam ājāvō śyām
ham par dhōḍi dayā karō
prāṇa nāthā tum hi hō sahārā
ham par dhōḍi kṛpā karō

Seigneur, je T'en prie, promets-moi que Tu viendras.
Daigne montrer un peu de compassion.
Toi seul est notre soutien dans cette vie. Répands sur nous un peu de Ta grâce.

ATI ĀNANDA DĒ

Ati ānanda dē paramānanda dē
tērē nāmkā guṇ gān
jay rām jay rām jay śrī rām
raghupati rāghava rājā rām

O Rama, gloire à Toi, quelle béatitude
de chanter Ton nom divin.

Jay jay rām rām rām sita rām
jay jay rām rām rām sita rām

Gloire au Seigneur Rama !

Dō akṣarōm kā nām tērā
mahimā uski śabdō kē pār
pāpōm ka bhār kṣaṇ mē miṭhē
jō bhajē jay śrī rām

Ton nom béni n'a que deux syllabes mais Ta grandeur est au-delà des mots. Ceux qui chantent Ton nom voient s'envoler le fardeau de leurs péchés.

Man mē jis kē guñchē rām
vahi prabhu kā mamgala dām
man mē jiskē dāskā bhāv
vahi viśrām karttē rām

Le Seigneur glorieux demeure en celui
dont l'être intérieur résonne du nom de Ram.
Le Seigneur repose dans le cœur de celui
dont l'humilité est totale.

Japu sadāmē nām tērā
ēsā var mē māngu rām
divya rūp kā daras dēkar
tumsē ēk kar dō rām

O Rama, puissé-je chanter Ton nom à jamais.
Puisse le désir de chanter Ton nom grandir en moi.
En m'accordant la vision glorieuse de Ta forme,
unis-moi à Toi.

ĀYĪ HĒ HŌLI

Āyī hē hōli
bhari pichkkāri
śyām na āyē
hōli nā manāyi

C'est la fête de Holi (la fête des couleurs). Le pistolet à eau est rempli de peinture à l'eau. Mais Shyam (Shri Krishna) n'est pas arrivé. Comment pouvons-nous faire la fête sans lui ?

Ranga nahi tan rē
rang gayā hē man
virah ki rang tūnē
ham par lagāyi

Il n'y a pas de couleur sur notre corps, mais il y en a sur notre cœur car nous l'avons enduit de la couleur du chagrin (de la séparation).

Mōrē śyām hamrē sang khēlō hōli
rāh dēkhē tērē nit ham kṛṣṇā kṛṣṇā śrī kṛṣṇā

O Shyam, viens jouer avec nous à Holi. Nous T'attendons avec impatience, O Shri Krishna.

Bhīg gayā hē tan
khēlē bin hōli
bēhat hē asuvan
daras ko mōhan

Nos corps sont mouillés alors que nous n'avons pas lancé d'eau colorée. Comment est-ce possible ? Ce sont les larmes que nous avons versées en attendant Ton darshan.

Kōyi tō samjhāyē usē
kōyi tō lē āyē
vraj ki yād usē
kōyi tō dilāyē

O quelqu'un Lui fera-t-il comprendre notre situation pathétique ? Qu'on L'amène jusqu'à nous, voilà ce que nous implorons. Que l'on éveille au moins en Son cœur le souvenir de Vrindavan.

BHAGAVĀN KṚṢṆĀ ĀKAR

Bhagavān kṛṣṇā ākar muralī madhura bajādē
muralī madhura bajādē

O Seigneur Krishna, viens, joue de Ta douce flûte !

Gitā kā divya gānā
vē bhavya bhāvanāyēm
gākar hamēm sunādē
sundar svarōm mē phirsē

De Ta voix mélodieuse, déclame encore pour nous
le chant divin de la Gita. Chante pour nous ces nobles idéaux.

Kṛṣṇā kṛṣṇā giridhārī
kṛṣṇā kṛṣṇā vanamālī
kṛṣṇā kṛṣṇā danujārī

O Krishna, Toi qui as soulevé la montagne Govardhana,
Tu portes une guirlande de fleurs sylvestres,
O mon Seigneur, ennemi des démons !

Parivār viṣva sārā
hē prāṇimātra pyārā
ēkātmatā kē mōhan
mṛdu mantra kō sunādē

L'univers est Ta famille, chaque créature est aimée de Toi.
Je T'en prie, accorde-nous cette vision, celle de l'unité.

Niṣkāma karma karanā
lōgōm kē dukha haranā
is karma yōga path kō
phir sē hamēm sikhādē

Agis sans désir personnel pour effacer les souffrances
de tous et enseigne-nous à nouveau les idéaux du karma yoga.

BHAKTI DĒ MĀ

Bhakti dē mā (2x)
dē mā bhakti
bhakti dē mā

Mère divine, daigne nous accorder la dévotion.

Dāna yahī basa tujhasē māngū
prēma bhakti tum dēnā mā...
prēma bhakti tum dēnā mā

Telle est la faveur que je Te demande, O Mère,
bénis-moi en m'accordant la dévotion suprême.

Mōha rāga sab dūr karō mā
chain tū man kī dēnā mā
divya prēma sē mujhkō bhar dē
man nirmala kara dē mā...
man nirmala kara dē mā

Mets fin à l'illusion et à l'attachement et accorde-moi
la paix de l'esprit. Remplis mon cœur d'amour divin
et ainsi, rends-le pur.

Dvāra tērī mē āyā hū maiyā
śaraṇa mē mujhkō lē lō mā
bhaṭakē nā man aur kahī mā
tujhmē līna rahē mā...
tujhmē līna rahē mā

O Mère, je suis arrivé à Ta porte, accorde-moi Ton refuge.
Puissent les errances de mon mental cesser,
afin qu'il soit, à jamais, fixé sur Toi.

BHAVĀNI JAGADAMBĒ

Bhavāni jagadambē
gaṇēṣa guhamātē
himādritanayē mā
kṛpārdra hṛdayē mā

O Bhavani, Compagne de Shiva, Mère universelle,
Mère de Ganesh et de Guha, Fille de l'Himalaya,
Ton cœur déborde de compassion.

Sarōja dalanētrī
suramyaśubha gātrī
trivarga phaladātrī
bhavārti bhayahantrī

O Mère aux yeux de lotus, Incarnation de la beauté
et de ce qui est propice, Tu nous donnes le fruit
des actes que nous accomplissons dans les trois mondes.
Tu détruis la peur du cycle douloureux de la transmigration.

Manōjña guṇaṣīlē
mahēśī harajāyē
munīndra natapādē
vidhindra harivandyē

O Incarnation de nobles vertus, Amie de Shiva, Tes pieds
sacrés sont honorés par les sages, par Brahma, Indra et Vishnu.

Kavīndranuta kīrtē
vinōdadhṛta mūrttē
kadamba vanasamsthē
samasta hṛdayasthē

O Mère, c'est Toi que glorifient tous les poètes ; c'est par jeu
que Tu as pris une forme. Tu demeures dans la forêt d'arbres
kadamba, mais en essence, Tu habites le cœur de chacun.

BŌLŌ BŌLŌ GŌKULA BĀLĀ

Bōlō bōlō gōkula bālā
gōpālā jay gōpālā
bōlō bōlō nanda kumārā
gōpālā jay gōpālā

Chantez, chantez pour le petit pâtre de Vrindavan,
gloire au fils de Nanda.

Nanda kumārā navanita chōrā
vṛndāvana sañchārī
yadukula nāyaka gōpakumārā
yamunā tīra vihārī

O Fils de Nanda, petit voleur de beurre,
Toi qui gambades dans Vrindavan, Seigneur des Yadus,
Fils de bouvier, Tu te promènes sur les rives de la Yamuna.

Kanmaṣanāśana hē madhusūdana
karunāmaya kamsārē
nitya nirāmaya bhava bhaya mōchaka
pāpa vimōchana deva

Tu détruis les péchés, Tu as tué le démon Madhu.
O Toi qui es compatissant, Toi, l'Éternel
qui ne connaît pas la souffrance, libéré du samsara,
Tu es notre unique refuge.

CHŌṬĪ CHŌṬĪ GAIYĀ

Chōṭī chōṭī gaiyā chōṭē chōṭē gvāl
chōṭō sō mērō madana gōpāl

Un troupeau de vaches et un groupe de petits pâtres,
mon petit Gopal, qui enchante les cœurs, est avec eux.

Ghās khāvē gaiyā dūdh pīvē gvāl
mākhan khāvē mērō madana gōpāl

Les vaches mangent l'herbe, les pâtres boivent le lait
et mon petit Gopal mange le beurre.

Āgē āgē gaiyā pīchē pīchē gvāl
bīch mēm mērō madana gōpāl

Les vaches marchent devant, les petits pâtres derrière
et mon petit Gopal au milieu.

Chōṭī chōṭī lakuṭi chōṭē chōṭē hāth
bansī bajāvē mērō madana gōpāl

Ils tiennent de petits bâtons dans leurs menottes
et mon Gopal qui enchante les cœurs, joue de la flûte.

Chōṭī chōṭī sakhiyām madhuban bāl
rās rachāvē mērō madana gōpāl

Voilà les petites bergères, ses amies, et le garçon de Vrindavan,
mon petit Gopal, enchante tous les cœurs avec Son jeu divin.

CHINTANAI CHEYTIṬUVĀY

Chintanai cheytiṭuvāy manamē
hariyin tirunāmam
dinam vandanai cheytiṭuvāy manamē
vallalin porpādam

O mon esprit, pense au Nom sacré du Seigneur Hari (Vishnu)
et prosterne-toi aux pieds bénis de cet océan de compassion.

Āśaiyin piṭitanilē nīyum
allal kolkinṭrāy

ānandavaṭivinai ādisvarūpanai
arindiṭa marukinṭrāy

Tu vas au-devant des ennuis, pris au piège des désirs,
et pourtant tu refuses de connaître le Seigneur,
l'Eternel, qui est béatitude.

Māyaiyām ulakinilē nīyum
mayanki nirkinṭrāy
maraikalil ōtiṭum māśilā oliyai
marande pōkindrai

Tu t'oublies dans le monde de maya (l'illusion).
Tu as oublié la Lumière pure, suprême, qui est en toi
et que les Védas glorifient.

Hari ōm hari ōm

DARŚAN KI ICHĀ HĒ TŌ

Darśan ki ichā hē tō
durgā durgā bōl
ambā ambā bōl mātā
ambā ambā bōl

Si tu désires la libération, chante le nom de Durga, chante
« Mère » !

Ambā ambā bōl jay jay
durgā durgā bōl

Chante « Mère », chante « Durga ».
Gloire à Durga et à Mère.

Bhakti bhāv milnā hē tō
śakti śakti bōl

kālī kālī bōl mātā kālī śakti bōl
kālī kālī bōl jay jay śakti śakti bōl

Si vous souhaitez obtenir la dévotion envers le Seigneur, chantez « Shakti ». Chantez « Kali, Mère, Shakti ! »
Victoire à Kali, victoire à Shakti.

Ōm śaktī ōm śaktī ōm
kālī kālī jay jay jay
durgā durgā jay jay jay
ambā ambā jay jay jay

Victoire à Kali, à Durga et à Mère.

DĒVI ŚARAṆAM

Dēvi śaraṇam durgē śaraṇam
kālī śaraṇam lakṣmī śaraṇam
śaraṇam śaraṇam śaraṇam śaraṇam
śaraṇam jagadambā śaraṇam jagadambā

O Dévi, je prends refuge en Toi. O Durga,
accorde-moi Ta protection ! O Kali, refuge suprême,
O Lakshmi, protège-moi.
Mère du monde, protège-moi !

Amalē vimalē karuṇānilayē
kamalē kalayē kalimalaśamanē
śivaramaṇi guhajananī mahitē
śaraṇam jagadambā

O Toi qui es pure, immaculée, Trésor de compassion, Déesse Lakshmi, si douce, Toi qui détruis les impuretés du kali yuga, épouse bien-aimée de Shiva, Mère de Guha, O grande Déesse adorée, je prends refuge en Toi, O Déesse de l'univers.

**Śubhadē sukhadē śivapadanilayē
girijē vanajē girirājasutē
śubhavaradē śritajananī sumukhī
śaraṇam jagadambā**

O Toi qui donnes le bien-être et le bonheur, les Écritures sacrées sont le support de Tes pieds.
Née de la montagne, dans la forêt, O Fille du roi des montagnes, Tu nous accordes la faveur que tout devienne favorable, Mère de ceux qui prennent refuge en Toi,
O Mère au beau visage, je prends refuge en Toi, O Mère de l'univers.

**Rasikē ramaṇī ripukula bhayadē
lasitē lalitē śrutipadanilayē
smaraṇam satatam tava padakamalam
śaraṇam jagadambā**

O Toi qui fais nos délices, belle Déesse, Toi qui inspires la peur aux ennemis,
Déesse qui aime jouer, aux gestes délicats, Tes pieds reposent sur les Védas,
je me souviens constamment de Tes pieds de lotus. O Mère de l'univers, je prends refuge en Toi.

DĪNA JANA DUKHA HĀRIṆI AMMĒ

**Dīna jana dukha hāriṇi ammē
karunā rasa vāhiṇi ... amme
karunā rasa vāhiṇi amme amṛtanandamayi
maruvuka māmaka mānasamalaril
choriyuka snēhamṛta madhuram**

O Mère, Tu effaces les souffrances des affligés,
Tu nous prodigues le nectar de la compassion.
Demeure à jamais dans la fleur de mon esprit
pour y répandre le nectar de Ton amour éternel.

Viraham mama hṛdi vēdanayenkilum
smaraṇayatonnē mama jīvanam
orunāl ninnil aliyānariyāte
akatār satatam viṅgukayāy ... amṛteśvari...

Mon cœur souffre les affres de la séparation. Seul Ton souvenir
me maintient en vie. Sans cesse, mon cœur pleure,
tant il languit de se fondre un jour en Toi.

Tapta manassinu taṇalēkiṭum
karuṇāmalar viriyum taru nī
ārilumoruvidha bhēdavumillāte
āvōlam nī kṛpa choriyum... amṛteśvari...

Mère, comme un arbre où abondent les fleurs de compassion,
Tu procures une ombre rafraîchissante aux cœurs en feu.
Ta grâce se répand généreusement sur tous, sans distinction.

Āśrayamattoru jīvaneyennum
snēhōṣmalamāy tazhukiṭum
mṛdu pavanōpama tava kṛpayāl - tiru
charaṇaṅgalilāy chērkuka nī... amṛteśvari...

Tu étreins avec amour cette âme qui porte le fardeau
d'innombrables désirs. Avec la douce brise de Ta grâce,
permets que j'atteigne moi aussi Tes pieds de lotus.

Amṛta rasōtbhava tava vachassālī
azhalin tāpamakattuka nī
amṛtēśvarī nī aviratam en hṛdi
amṛtānandam nalkīṭumō...

De Tes douces paroles, daigne mettre fin à ma souffrance !
O Déesse immortelle, viendras-Tu dans mon cœur ?
Y poseras-Tu Tes délicats pieds de lotus ?

DĪNA NĀTHĒ

Dīna nāthē dīna vatsalē
dīnata tīrkkum dīna dayāmayī

Souveraine des êtres plongés dans la souffrance,
Tu es leur consolation. Dans Ta compassion,
Tu mets fin à nos peines.

Vannīṭumō hṛdayattilammē
varuvān iniyum tāmasamō

Ne viendras-Tu pas dans mon cœur ?
Pourquoi tardes-Tu à venir ?

Kēṇu kēṇu karaññu vilichu
kēlkkunnillē ammē varikayillē

N'entends-Tu pas les appels, les pleurs incessants
de cet enfant ? O Mère, ne viendras-Tu pas ?

Kēlkunna nāl ini eṇṇuvānāy
ottoru śaktiyum illayammē

Je n'ai plus de force, je n'ai plus la force d'attendre
le jour où Tu entendras le cri de mon cœur.

ĒK DIN KĀLI MĀ

Ēk din kāli mā
āṇḍē dil mē āyēgi
diyē jagamagāyōmgē
divāli hō jāyēgi

Mère Kali viendra un jour dans les ténèbres de mon cœur.
Les lampes brilleront et étincèleront,
et ce sera le festival des lumières (Divali).

Divya jyōti varṣā mē
prakṛti bhi harṣāyēgī
har diśā kī ōr sē
ōmkār dhvani gūmjēgī

Dans cette pluie de lumière divine,
toute la nature manifestera spontanément sa joie.
Toutes les directions vibreront du son « Om ».

Gūmjēgī ōm gūmjēgī ōm ōm
ōmkār dhvani gūmjēgī

Le son « Om » résonnera sans fin.

Man kā mōn nācēgā
mast mē mō jāvūmgī
pamgha bin uṭ jāvumgī
ākāś mē ban jāvūmgī

Le paon de mon mental dansera et j'entrerai en extase.
Sans ailes, je volerai, je deviendrai le vaste ciel, infini.

ELLĀMIRIKKILUM

Ellāmirikkilum illātirikkil nī
vallāyma jīvitam entammē
ellām tikaññoren vīṭum kinākkalum
pūnilāvillātta rātri ammē

J'ai beau posséder toutes les richesses possibles,
en Ton absence, mon existence est misérable.
Ma maison, si confortable, mes rêves,
tout cela est pareil à une nuit sans lune.

Neyvilakkāyiram katti ninnīṭilum
kuriruṭṭeṅgumē enteyammē
pūkāvanaṅgalō pūttulaññīṭilum
pūmaṇamilla nirappakiṭṭum

Au milieu de mille lampes qui brûlent,
remplies de beurre clarifié (ghi), je ne vois que les ténèbres.
J'ai beau contempler des jardins de fleurs,
Je ne perçois ni leur parfum ni la beauté de leurs couleurs.

Āṭakal ābharaṇaṅgal aṇiññoru
nirjjīva dēhaminnen janmam
ammayāmātmāvuṇarnnu chirikkātta
janmamitentoru janmam ammē

Ma vie ressemble à un corps défunt,
revêtu d'ornements somptueux. Quel sens a cette vie,
O Mère, si Toi, l'âme, Tu ne T'éveilles pas en riant ?

Ninpāda pūjayil ente niśvāsaṅgal
ente viśvāsaṅgal dhanyamākān
nīyām viśuddhiyil ennātma chumbanam
nirvṛti pūkān tuṇaykum ammē

Puissent mon souffle et ma foi générer des bénédictions grâce à l'adoration de Tes pieds sacrés, O Mère, aide-moi à trouver la béatitude en me fondant en Toi, l'Incarnation de la pureté.

ENAIKKĀKKA UNAIYANṬRI

Enaikkākka unaiyanṭri tuṇaiyārammā en
vinaitīrkka nīyanṭri gati ētammā
nānundan padam kiṭakkum sēyallavō nī
anpennum pāluṭṭum tāyallavō

O Mère, nul autre que Toi ne peut me donner refuge ni mettre fin à nos souffrances. Ne suis-je pas un petit enfant assis à Tes pieds ? N'es-Tu pas ma Mère affectueuse, qui me nourrit du lait de l'amour ?

Aṭittālum aṇaittālum nīyē annai uyir
muṭindālum piriyēn tiruppādam tannai
eṭuttennai anaittuntan arul kāṭṭuvay
ennālum unai maravā nilai kūṭṭuvāy

Que Tu me battes ou que Tu m'embrasses, Tu es ma Mère.
Même mort, je m'accrocherai encore à Tes pieds sacrés.
Daigne, je T'en prie, me prendre dans Tes bras,
serre-moi contre Toi et bénis-moi. Puisse Ton souvenir
vivre constamment dans mon cœur.

Azhukinṭra kaṇkalai nī kāṇātatēn
anpōṭu ōṭi vandu anaikkātatēn
ārutalāy oru sollai kūrātatēn
aṭiyavarkal tuyar tanaiyum tīrkkātatēn

Ne vois-Tu pas mes yeux remplis de larmes ? Ne viendras-Tu pas me caresser comme un enfant ?

Pourquoi n'apaises-Tu pas mon chagrin de Tes paroles consolantes ?
O Mère, pourquoi ne viens-Tu pas mettre fin à ma peine ?

ĒṄGUM UN ARUL MAZHAIYĒ

Ēṅgum un arul mazhaiyē
poṅgum kaṭal alai pōlē
perukiṭumē śānti
tāyē un sannidiyil

O Mère, Ta grâce afflue comme les vagues de la mer.
En Ta divine présence, la paix règne.

Aṅjukindra en manadil
tañjam untan tāy maḍiyē
anbozhugum pēñchil tuyar
pañju pōla parantiṭum

Ton giron est le seul refuge pour l'esprit effrayé de cet enfant.
Lorsque j'entends Tes paroles apaisantes, ma souffrance s'envole comme du coton dans le vent.

Vañja millā manam chamaithu
mañja mena atai amaitēn
keñji keñji unai azhaittēn
koñja matil vantamarvāy

Sans cesse, je T'appelle, je pleure pour T'apercevoir un instant en mon cœur.
Que cette innocence le purifie et en fasse une demeure digne de Toi. Sans relâche, je T'implore de venir y résider.

Solvatellām tiru mantiram āgavum
cheyvatellām untan tiruppaṇi āgavum
kēṭpatellām untan kani mozhi āgavum
kaniṅtarul purinteṇṇai kaṭaitēdra vārāy

Accorde-moi Ta grâce, afin que chacune de mes paroles
soit Ton mantra, chacune de mes actions Ton œuvre
et tout ce que j'entends Tes douces paroles.
Ainsi, fais-moi traverser l'océan de la transmigration.

amṛtēśvarī namo namah bhuvanēśvarī namo namah
jagadiśvarī namo namah sarvēśvarī namo namah

ENNULLIL MINNUNNA

Ennullil minnunna ninniluṇarunna
eṅgum nirañňoru daivam (2x)
prēmattin mantram pozhiykkunna daivam
snēhattin chuṭumuttam pakarunna daivam
ammayāy vannu innende daivam
dīnānukanpatan pūrṇṇakumbham ammē... ammē

Le Dieu qui en moi brille, éveillé en toi, qui remplit tout
l'espace en ce monde, le Dieu qui chante le mantra de l'amour
et nous donne des baisers chaleureux et pleins d'affection,
le réceptacle qui déborde de compassion, O Mère, Mère, Mère.

Akaleyāṇeṅkillum kāruṇyavāridhi
ariyunnu nī ente saṅkaṭaṅgal
kanivāla kattunnu durghaṭaṅgal
ariyāte cheytōraparādhavāridhiyil
alayāte tīramaṇāchiṭunnu
ā alivil ñān tanne aliñjiḍunnu ammē... ammē

O Océan de compassion, même quand Tu es loin de moi,
Tu connais mes souffrances. Par compassion,
Tu détruis les obstacles auxquels je suis confronté.
Alors que je me débattais dans l'océan de péchés
commis par ignorance, Tu me conduis jusqu'à l'autre rive.

Janmāntaraṅgalāy ceytatām pāpattin
Phalam innum ennē chuzhattiṭunnu ghōra
vipinattilennē āzhttiṭunnu
vīṇṭumī jīvitam pūvaṇiyāninnēkamām
pōmvazhi śaraṇāgati
snēhaswarūpattil bāṣpāñjali
ammē...nīyegati...ammē

Les conséquences de péchés commis au cours de nombreuses
vies me tourmentent maintenant, elles me jettent dans
les profondeurs d'une jungle terrifiante. Pour que ma vie
refleurisse, je dois m'abandonner totalement à Toi, Incarnation
de l'amour, et verser des larmes d'adoration à Tes pieds.

GAṆANĀTHĀ ŌM GAṆANĀTHĀ

Gaṇanāthā ōm gaṇanāthā
ōm sidhi vināyaka gaṇanāthā

O Seigneur des Ganas (Ganapati),
Toi le plus grand des siddhis.

Praṇava śarīrā prapanna śaraṇā
pārvatī putrā parāt parā
gaṇapati dēvā gajamukha ramyā
guruguhavandyā śivātmajā

Ton corps est le pranava mantra (le son Om) ;
Ta grâce se répand sur Tes dévots, O Fils de la déesse Parvati.
Tu es plus subtil que le plus subtil, Seigneur Ganapati
à la tête d'éléphant, Tu nous enchantes,
Toi que vénère Subramanyan, Fils de Shiva.

Chāru śarīrā chandana varṇṇā
cāmara karṇṇā chidātmakā
śōbhana rūpa śamkara tanaya
sidhida varadā dayā mayā

Ton corps charmant et Tes oreilles mobiles ont la couleur
du bois de santal. O Essence de la connaissance,
Toi dont la forme est radieuse, Fils de Shiva,
Tu accordes des pouvoirs et des faveurs,
O Incarnation de la compassion.

Sādhaka sūkhadā mōhanacharitā
mrityu janma hara ganēśvara
vighna gaṇāntaka viśva manōhara
vēda vihāraṇā vināyaka

Ta présence apporte la joie aux dévots.
Tes actions éveillent l'enthousiasme.
La naissance et la mort n'ont aucun pouvoir devant Toi,
Seigneur des Ganas. Tu balayes tous les obstacles ;
Tu galvanises l'univers entier. Ton secret réside dans les Védas.

GARUDHA VĀHANĀ

Garudha vāhanā kṛṣṇā gōpi mādhavā
vijaya mōhanā kṛṣṇā janmakōmalā
nayanamōhanā kṛṣṇā nīlaśarirā
mādhavā harē kṛṣṇā sundarakṛtē

Krishna, Ton véhicule est le grand oiseau Garuda.
O Dieu enchanteur à l'éternelle beauté, Ta vision
est un bonheur pour les yeux, O Krishna au teint sombre.

Kamala lōchanā kṛṣṇā kāruṇārupā
kadana nāśanā kṛṣṇā kamsamardana
charaṇa pallavam kṛṣṇā taruṇakōmalam
tāvaka nāmam kṛṣṇā mōkṣadāyakam

Tes yeux évoquent les pétales du lotus, O Krishna,
Incarnation de la compassion. Krishna,
Tes tendres pieds nous enchantent, la répétition
incessante de Ton nom apporte la libération.

Harē rāma harē rāma rāma rāma harē harē
harē kṛṣṇā harē kṛṣṇā kṛṣṇā kṛṣṇā harē harē

GĀŪ RĒ TUJHĒ ABHANGA

Harī sadā vasē tatra yatra bhāgavatā nāḥ
gāyanti bhakti bhāvēna harē nāmaiva kēvalam
jaya hari viṭṭhala viṭṭhala pānduranga
jaya hari viṭṭhala viṭṭhala pānduranga

Le Seigneur prend toujours soin de ceux qui pensent à Lui
et chantent Ses louanges avec dévotion.
Salutations au Seigneur Vithala, au Seigneur de Pandarpur.

Gāū rē tujhē abhanga
jay jay viṭṭhala pānduranga
hē dēvā tujhā sūṭē na sanga
dharuna ghē malā pānduranga
dharuna ghē malā pānduranga
gāū rē tujhē abhanga
jay jay viṭṭhala pānduranga

Nous chantons nos abhangas (chants dévotionnels traditionnels du Maharashtra), O Seigneur Vithala.
Puisse Ta présence divine nous accompagner toujours, partout où nous allons.
Prends-moi dans Tes bras, O Panduranga.

Jay hari viṭṭhala pānduranga
gāū rē tujhē abhanga (gāū rē tujhē...)

Salutations au Seigneur Vithala, le Seigneur de Pandharpur, nous chantons Tes abhangas.

Jīva mājhā phasalā asā
samsāra pāra karu mī kasā
kṛpā tujhī hī āśā mājhī
nakō rē...nakō rē malā sukha samsārāchī

Ma vie est prisonnière de l'océan du samsara ; comment le traverser ?
Ta grâce est mon seul espoir. Je ne désire aucun des plaisirs de ce monde.

Mānavācī samaj aśī
ghara sampatti hī kharōkharī
ēka divas tō sōḍūn jātō
pakaḍūn... pakaḍūn yam tyālā ghē ūn jātō

L'être humain est assez sot pour penser que sa maison et sa fortune ne le quitteront jamais. Il deviendra bien un jour les quitter et partir, attrapé par le dieu de la mort.

Bhajana mhaṇu ati premānē
śuddha karū mana tujhyā nāmānē
tujhyā charanī ālō mī dēvā
śubhadāyaka... śubhadāyaka
kara hē jīvana mājhē

O Seigneur, je chante Tes bhajans avec amour et dévotion.
Je m'efforce de purifier mon cœur en chantant Ton nom divin.
J'ai pris refuge à Tes pieds de lotus. Daigne me bénir, accorde-moi la Plénitude.

Jaya jaya viṭṭhala jaya hari viṭṭhala

Gloire au Seigneur Vithala

GĪT NAHĪ

Gīt nahī sur nahī phir bhi mē gāvūm
tū hī batā mērī mā mē kyā karūm

Je n'ai ni texte ni mélodie, et pourtant je chante.
O Mère, dis-moi, que puis-je faire de plus ?

Kitanē janmō sē tujhē ḍhūnḍ rahā hum
tērē caraṇō kī rāh mē nahī jānu
śakti nahī rāstā nahī phir bhī mē khōjūm
tū hī batā mērī mā mē kyā karūm

Combien de vies ai-je passées à Te chercher ? J'ignore le chemin qui mène à Tes pieds sacrés et je n'ai pas la force de la parcourir ;
pourtant, O Mère, je Te cherche. Dis-moi, que puis-je faire de plus ?

Pāpō kā bōjhā uṭhāyē bhaṭak rahā hum
mērē dil kā phul tō murajhā gayā hē
śuddhi nahī puṣpa nahī phir bhi mē pūjūm
tū hī batā mērī mā kyā karūm

Portant le fardeau de mes péchés, j'erre sans but ;
la fleur de mon cœur est fanée. Je ne suis pas pur,
je n'ai pas de fleurs et pourtant, O Mère, je Te vénère.
Dis-moi, que puis-je faire de plus ?

Mērē dil mē tērē liyē kitane gīta hē
likhanē vālā gānā vālā kahām sē āyē
gīt nahī sur nahī phir bhi mē gāvum
tū hī batā mērī mā mē kyā karūm

Tant de chants à Ta louange résonnent dans mon cœur, mais je ne suis ni poète ni chanteur. Je n'ai ni texte ni mélodie, et pourtant je chante. O Mère, dis-moi, que puis-je faire de plus ?

GŌVIṆDA GŌPĀLĀ HARI HARI

Gōviṇda gōpālā hari hari
gōviṇda gōpālā
gāvō gāvō hari guṇa gāvō
jaya hari jaya hari gōpālā

Victoire au Seigneur, au Protecteur des vaches,
à Celui qui détruit le péché. Chantons la gloire du Seigneur.

Mādhava gōpālā hari hari
mōhana gōpālā
prēma sē bōlō sab mil bōlō
jaya hari jaya hari gōpālā

Victoire au bien-aimé de Lakshmi, au petit pâtre qui nous enchante.
Chantons ensemble dans la joie et l'amour. Victoire au Seigneur.

Madhura madhura hē madhura madhura
tērā nām gōpālā
prēma sē bōlō sab mil bōlō
jaya hari jaya hari gōpālā

Petit pâtre, Ton Nom est le plus doux au monde.
Chantons ensemble dans la joie et l'amour.
Victoire au Seigneur.

gōviṇda hari hari gōpālā hari hari

GURU CHARAṆAM GURU

Guru charaṇam guru charaṇam
śrī guru charaṇam bhava haraṇam
parama guru charaṇam bhava haraṇam
sat guru charaṇam bhava haraṇam

Salutations aux pieds du guru, demeure de la puissance et de l'éternité, à ces pieds qui nous libèrent de l'attachement au monde.

Amṛtānandamayī guru charaṇam
papa vimōchiṇi guru charaṇam
guru charaṇam guru charaṇam
sat guru charaṇam bhava haraṇam

Les pieds du guru Amritanandamayi
nous délivrent de tous les péchés.
Salutations aux pieds du satguru,
qui nous libèrent de l'attachement au monde.

Guru mahārāṇī guru mahārāṇī
guru dēvō sat guru mahārāṇī
guru brahma guru viṣṇu guru mahārānī
guru dēvō mahēśvara guru mahārānī

Le guru est l'Impératrice, le guru est Dieu,
le guru est Brahma, Vishnu et Shiva.

GURU KṚPĀ DṚṢṬI

Gūmga śabdōm sē gūmj uṭhē
lamgḍā bhī parvat pār karē
kṛpā dṛṣṭi sē tērē hē satgurō
amṛtēśvaryai namō namaḥ

Quand, posant Ton regard sur nous, Tu répands ta grâce,
O satguru, les muets parlent et les paralysés escaladent
les montagnes. Nous nous prosternons devant Toi,
O Déesse éternelle, Amriteshvari.

Guru kṛpā dṛṣṭi sē pāvan mē hō gayī
bhāvarī bhāvarī bhāvarisī hō gayī
karuṇā bharī ākhōm kē sāgara mē khō gayī
karuṇā bharī amṛtamayī sāgara mē khō gayī
hōś āyī śīś jhukī mē tō vahīm rō padī

J'ai été purifié par la grâce d'un regard du guru. Cette expérience m'a rendu pareil à un fou. J'ai sombré dans le vaste océan de la compassion infinie de ces yeux remplis de Lumière, dans le nectar de cette compassion débordante. Reprenant conscience, la tête inclinée en signe de respect, j'ai fondu en larmes !

Guru divya dṛṣṭi sē prakāśit mē hō gayī
sāvalī sāvalī sāvalī sī ramga gayī
apār jis kaṭākṣ kō mē yug yug taras gayī
yug yug taras gayī śat yug taras gayī
pakē usē gad gad mē tō vahīm hams paḍi

Le regard divin du guru m'a illuminé. J'ai revêtu comme un camouflage ce teint sombre. Depuis des milliers d'années, j'aspirais à cet Infini.
A l'instant où je l'ai atteint, submergé de joie, j'ai éclaté d'un rire extatique.

HARA HARA MAHĀDĒVĀ ŚAMBHŌ

Hara hara mahādēvā śambhō
kaśi viśvanātha gaṅgē

O grand dieu, Shiva, Seigneur de Bénarès,
Seigneur du Gange, Seigneur de l'univers.

Kaśi viśvanātha gaṅgē
kaśi amarnātha gaṅgē

Seigneur de Bénarès, Seigneur du Gange,
Seigneur d'Amarnath, Seigneur de l'univers.

Hara hara mahādēvā śambhō
kaśi viśvanātha gaṅgē

HĒ MĀDHAVĀ

Hē mādhavā madhusūdhana
dayā karō hē yadu nandala

O Krishna, bien-aimé de Lakshmi, Toi qui as tué le démon Madhu, Toi qui es la compassion même, né dans le clan des Yadus.

Hē yādavā muralīdhara
śyāma gōpālā giridhārabālā

Tu appartiens au clan des Yadus, Tu tiens une flûte,
Dieu au teint sombre, Tu as soulevé la montagne Govardhana.

Nanda nandana gōvinda
navanita chōra gōvinda
mathura nāthā gōvinda
muralī manōhara gōvinda

Fils de Nanda, Seigneur des vaches, Tu dérobes le beurre,
Seigneur de Mathura, les mélodies de Ta flûte nous enchantent.

Gōvinda gōvinda rādhē śyāma gōvinda
nanda kumāra gōvinda navanita chōra gōpālā

Seigneur des vaches, petit pâtre au teint sombre,
Fils de Nanda, petit voleur de beurre.

IṢWAR TUMHI DAYĀKARŌ

Iṣwar tumhi dayākarō
tum bin hamāra kaun hai

O Seigneur, sois miséricordieux envers nous.
Qui, sinon Toi, s'occupera de nous ?

Jag kō rachanē vala tu
jag kō mitanē vala tu
bigdi bananē vala tu
tum bin hamāra kaun hai

Tu crées et Tu détruis le monde. Le malheur lui-même
est Ta création. Qui, sinon Toi, s'occupera de nous ?

Mātā tumhi tumhi pīṭā
bandhu tumhi tumhi sakhā
kēval tumhāra āsra
tum bin hamāra kaun hai

Tu es notre Mère, notre Père, notre Bienfaiteur et notre Ami.
Tu es notre seul refuge. Qui, sinon Toi, s'occupera de nous ?

Kuch bhi nahin hamēn khabar
tērī lagan kō chōḍa kar
jāyēn tō jāyē ham kidhar
tum bin hamāra kaun hai

Nous ne savons rien. Sans Ton amour pour nous,
que deviendrions-nous ? Qui, sinon Toi, s'occupera de nous ?

JĀGŌ MĀ KĀLI JĀGŌ JĀGŌ

Jāgō mā kāli jāgō jāgō
jāgō mā śyāmā jāgō jāgō

Éveille-Toi, lève-Toi, Mère Kali ;
Éveille-Toi Mère Shyama au teint bleu-sombre.

Ā khaḍē hē yahā par yē duśman sabhī
kāma mada lōbha kuch hē nāma unkē
lē jāyēngē mā mujhkō baṇākē kaidī
kāli tērī jhalak sē miṭ jāyēngē sabhī

Les ennemis puissants que sont la luxure, l'orgueil et l'avidité
me submergent ; ils risquent de m'emporter et de
m'emprisonner.
O Mère Kali, un seul regard de Toi peut les anéantir.

Tū na āyē tō maiyā kahēngē sabhī
iskī māmē thoḍī sī dayā hī nahī
rōtā hē yē śiśu par bhī mā hē sōyī
karō rakṣā mērī jāgō mā tum abhī

Si Tu ne viens pas, alors tous diront que ma Mère
n'a aucune compassion. Ton enfant pleure, dors-Tu
profondément ?
Sauve-moi, O Mère, lève-Toi maintenant !

JĀGŌ MĒRĒ PYĀRĒ BĀLĀ

Jāgō mērē pyārē bālā
nanhē naṭ khaṭ nandalālā
bār bār mēnē tujhē jagāyā
muḍ muḍ kē tu phir so gayā

Réveille-Toi, mon enfant chéri, O espiègle
petit garçon de Nanda, plusieurs fois je T'ai réveillé
et chaque fois, Tu te tournes pour te rendormir.

Sūraj kī pahalī kiraṇē
tērē chēharē pē khēlē
mīṭhī mīṭhī bātē tērī
āngan mē koyal bōlē

Les premiers rayons du soleil jouent sur Ton visage.
Dans la cour, le coucou chante les doux récits
de Tes divins exploits.

Dēkh tērī pyāri gāyē
van mē ghās charanē kō jāyē
tu nā uṭhā to mākhan cor
unkā dūdh ōr kōyi pī jāyē

Regarde, Tes vaches préférées s'en vont paître dans la forêt.
Si Tu ne te lèves pas, petit voleur de beurre,
quelqu'un d'autre boira tout leur lait.

Sārē vraj kī kānha tūnē
kar dī hē dil kī chōrī
kuch tō kar ab khēl tamāśā
dikhā ham kō līlā tērī

O Kanna, Tu as dérobé le cœur de tous les habitants du Vraj.
Tu vas bien, n'est-ce pas, jouer un de Tes tours
ou inventer un drame, expression de Ton jeu divin ?

JAHĀN DĒKHŪ

Jahān dēkhū vahā śyām tumi
sunti hu bas muralī dvani
kahti hu bas nām yahi
śyām hari mērē śyām hari

Partout où je regarde, c'est Toi que je vois ; seul le son de Ta flûte parvient à mon oreille et sur mes lèvres, il n'y a qu'un seul nom,
Shyam Hari, O mon Shyam Hari.

Yād na āyē tujhkō mērī prabhu
aisē kyā kahō bhūl huyī
tarsē nayanā dars kō tērē
kab āvōgē śyām hari

Quelle faute ai-je donc commise, O Seigneur,
pour que Tu m'oublies ? Mes yeux ont soif de T'apercevoir.
O quand viendras-Tu, mon Shyam Hari ?

Chōḍ gayē hō is tan kō prabhu
chōḍ na pāvōgē is man kō
rōm rōm mē kānhā tum hō
dil kī har dhaṭkan mē tumhi

Bien que Tu m'aies quitté physiquement, O Seigneur,
Tu ne pourras jamais sortir de mon esprit. Tu es dans chaque pore de mon être, dans chaque battement de mon cœur.

JAL RAHĀ HĒ

Jal rahā hē manavā mōrā
dō būnd ānsū dēnā mayyā
tērī yād mē nīr bahātā
ānsū nahī amṛt ban jātā

O Mère, mon esprit est en feu. Je T'en prie, accorde-moi la faveur de pouvoir verser deux larmes. Quand je pleure en pensant à Toi, mes larmes deviennent le nectar de la béatitude.

Jīvan kā hal khīncū mayā
sukh dukh chakra mē ghūmūn mātā
yē kyā huvā ab kyā hōgā
ēsi chintā mē ḍūbū mātā

Je tire la lourde charrue de la vie, O Mère, et je chevauche la roue de la joie et de la souffrance. Je me noie dans les pensées qui me submergent : « Comment cela a-t-il pu se produire ? » et « Quel sera maintenant mon destin ? »

Chintā kī agnī mē mayyā
kahīn mē pāgal nā ban jāvu
har chintā mērī tū hī jānē
kuch tō man kī śāntī dēdē

O Mère, ne me laisse pas devenir fou dans le brasier de mes pensées et de mes inquiétudes. Toi seule connais chacune de mes pensées. Daigne m'accorder un peu de paix intérieure.

Kis pē viśvās karūn mayyā
tērī śaraṇ mē āyā mātā
ānsūvō sē hō tērī pūjā
it nī kṛpā tō karnā mātā

En qui d'autre pourrais-je avoir confiance, O Mère ? Je suis venu prendre refuge en Toi seule. Accorde-moi au moins un peu de Ta grâce, afin que je puisse T'adorer en versant des larmes.

JAYA DURGA DURGATI

Dēvi sarvabhūtēṣu śaktirūpēna samstita
namastasyē namastasyē namastasyē namō namaḥ

Devant la Déesse, l'âme de tous les êtres de l'univers, l'Incarnation de la splendeur spirituelle, je me prosterne en toute humilité et du fond du cœur, encore et encore.

Jaya durga durgati parihāriṇi
dukha vināsini mātāmṛitēṣvarī

Victoire à Durga qui anéantit tous les obstacles et détruit toute souffrance, O Mère, Déesse immortelle.

Ādi śakti parabrahma swarūpiṇi
jagat jananī sarva vēda prakāṣiṇi
brahmā śiva hari archana ki mā
dhyāna karata sura nara muni jñāni

Puissance primordiale, Incarnation du Brahman suprême, Mère de l'univers, Lumière de tous les Védas, Brahma, Shiva et Vishnu eux-même Te vénèrent. Les dieux, les sages et ceux qui connaissent la vérité, tous méditent sur Toi.

Bhakta pujātara rakta piyatē
simha savāra sakala varadāyiṇi
brahmānanda śaraṇamē āyō
bhava bhaya nāsaka amṛita svarūpiṇi

Tes dévots Te vénèrent. Tu bois l'essence du sacrifice.
Ta monture est un lion, Tu accordes des faveurs,
O béatitude de Brahman, je prends refuge en Toi.
Tu détruis toutes les peurs liées à l'existence en ce monde,
O Incarnation de l'immortalité.

JAYA JĀNAKIJĪVANA RĀMA

Jaya jānakijīvana rāma
smarakōḍi manōjña śarīrā
mithilāpati hṛdayanivāsā
munimānasa patmavihārā

Victoire à Rama, à la vie de Janaki (épouse de Rama, Sita Devi).
Nous chérissons le souvenir de Celui dont le corps a la beauté de cent mille dieux, de Celui qui règne sur le cœur de Sita Devi
et qui demeure dans le lotus du cœur des saints.

Jay jay rām sītā rām jay jay rām sītā rām
jay jay rām sītā rām jay jay rām(2x)

Gloire à Sita et à Rama

Bharatānana chandra chakōrā
marutātmaja vanditapādā
dhṛtasāyaka chāpa manōjñā
daśakandhara darppa vināśā

Toi et Ton frère Bharata êtes comme l'oiseau Chakora et la Lune.
Tu es pour Hanuman un frère, Tu portes l'arc et les flèches,
O Toi qui as tué Ravana aux dix têtes,
Tes pieds sont dignes d'adoration.

Madhubhāṣaṇa mamgala sadanā
patitāvana pāvana charaṇā
sukha sāgara sundara sumukhā
mṛduhāsa manōhara vadanā

Douces sont Tes paroles, Demeure de tout ce qui est favorable,
Toi qui sauves les affligés, le contact de Tes pieds nous purifie,
Ta forme est charmante et belle, tendre est Ton sourire,
et la beauté de Ton visage est éternelle.

Raghu vamśa śirō maṇi rāma
chira saukya vidhāyaka rāma
mṛti janma vimōchana rāma
jaya rāghava jānaki rāma

Joyau de la dynastie des Raghus, O Rama, Toi qui donnes le bonheur,
Tu nous sauves du cycle des naissances et de la mort.
Victoire au Seigneur de Janaki, Rama, de la dynastie des Raghus.

JAY GAṆĒŚA JAY GAṆĒŚA

Jay gaṇēśa jay gaṇēśa jay gaṇēśa dēvā

Gloire au Seigneur Ganesh

Dīnōm kē dukha hartā tūm śānti pradātā
anātha kē nāth tūm
jay jay gaṇanāthā (2x)

O Seigneur Ganesh, Toi qui chasses les souffrances des malheureux,
Tu accordes refuge et donnes la paix, gloire à Toi.

Lēkē nāma tērā prabhu
rakhē jō pahalā kadam
lakṣya kō vō pāvē dēvā
dūrhō uski aḍachan (2x)

O Seigneur, celui qui fait le premier pas en chantant Ton nom atteint son but et tous les obstacles qui bloquaient son chemin s'évanouissent.

Śraddhā sē jō karē
tērā nit sumiran
ahamkār miṭ jāvē dēvā
pāvē bhakti mukti kā dhan (2x)

O Seigneur, celui qui pense chaque jour à Toi avec amour, foi et concentration perd son ego. Il obtient ainsi le trésor de la libération et de la dévotion.

Tava charaṇōm mē dēvā
arpit yē tan man
tērī kṛpā sē nāthā
ṭūṭē māyā kē banḍan (2x)

O Seigneur, je m'abandonne corps et âme à Tes pieds sacrés. Ta grâce seule peut me libérer des liens de l'illusion.

JAY HŌ HARĒ RĀM

Jay hō harē rām Jay hō harē rām
jay hō harē rām varada rāgava

Victoire à Rama, Celui qui accorde des faveurs.

Jō sabhī kē śaraṇa dāyaka
jin kē karōm mē dhanuṣa nāyaka

Tu accordes refuge à tous. O Rama, Tes bras
sont parés d'un grand arc et de nombreuses flèches.

Śyām kalēbara patita pāvana
jay hō tērī āsura ghātaka

Rama au teint sombre, Tu es plein de compassion
envers les pécheurs ignorants. Victoire à Toi qui détruis le mal.

Līlā tēri prēm pūrita
jīvan tērā tyāg pūrita

Ton jeu divin est plein d'amour, O Rama,
et Ta vie est une vie de sacrifice.

Nām tērā mantra tāraka
varadē hamē tū praṇat pālaka

Ton nom divin est le mantra qui nous libère du cycle de la naissance et de la mort. Rama, je T'en prie, daigne nous bénir, Toi qui accordes Ta protection aux humbles.

JAY JAGADAMBĒ JAY JAGADAMBĒ – (JAG KĪ TṚṢṆĀ MIṬĀNĒ KŌ)

Jay jagadambē jay jagadambē jay jagadambē mā
jay jay mā jay jay mā jay amṛtēśvarī mā

Gloire à la Mère de l'univers, à la Déesse immortelle.

Jag kī tṛṣṇā miṭānē kō
prēmamayī tum āyī hō
jagajananī amṛtēṣvarī mām
karuṇā kī avatār hō

Mère d'amour, Tu T'es incarnée sur cette Terre
pour soulager les affligés. O Mère divine, immortelle Déesse,
Tu es l'Incarnation de la compassion.

Har lētī hō dukhō kā bhār
dētī hō mā śānti apār
karatī hō sab kō svīkār
jō āyē mā tērē dvār

Tu délivres Tes enfants du fardeau de la souffrance,
leur accordant la paix infinie. Ta porte n'est jamais fermée.
Tu acceptes et reçois tous ceux qui viennent à Toi.

Jag kē sab tērī samtān
prēm tērā hai sabpē samān
tērī kṛpādṛṣṭi sē mā
pāpī banē kṣaṇ mē mahān

A tes yeux, tous les êtres sont Tes enfants, Ton amour est égal envers tous. La compassion qui brille dans Ton regard suffit à transformer une âme égarée dans le péché en âme sainte.

Pūrṇabrahma svarūpiṇī hō
satguru satyasanātanī hō
prēm bhakti samdāyinī hō
jananī tum śubhakāriṇī hō

Tu es l'Incarnation du Brahman suprême, le vrai Maître, l'Eternel et la Vérité. C'est Toi qui accordes l'amour et la dévotion.
O Mère, Incarnation de tout ce qui est propice.

JAY JAGADĪŚVARĪ

Jay jagadīśvarī mātā sarasvati
śaranāgata vrata pālana kāri
chandra bimba sama vadana virājē
śaśimakuṭa mālā galadhāri

Gloire à la Mère du monde, Sarasvati,
dont le visage a la beauté du reflet de la Lune,
qui a fait voeu de prendre soin de ses dévots.
Gloire à Celle qui porte la Lune en guise de couronne
et une guirlande autour du cou.

Vīṇāvāma amgamē śōbhē
sāma gīta dhvani madhura pihāri
śvēta vasana kamalā sansundara

Tu tiens gracieusement une vina (luth indien)
et de douces mélodies émanent de Toi. Vêtue de blanc,
Tu es assise dans la belle posture du lotus.

Samga sakhi śubhahāsa savāri
brahmānanda mē dās tumhārō
dē darśana parabrahma durāri

Tu chevauches un cygne, Tu accordes à Tes dévots
la béatitude suprême. Daigne apparaître devant nous,
Bien-aimée de Brahma.

JAY JAY DURGĒ

Jay jay durgē mātā bhavāni
sakala pūjitē vandē

Victoire à Durga, à Mère Bhavani,
nous nous prosternons devant Celle que tous vénèrent.

Darṣan dē dō kāli mātē
ēkbār phir sē
tujhē dēkhnē ki chāhat hē mā
man mērā rōyē

O Mère Kali, accorde-moi Ta vision.
Mon cœur est en pleurs, il n'aspire qu'à Te voir.

Karuṇā kī tū sāgar hē mā
mujhkō tū har lē
tērī ēk jhalak hē kāpāhī
pāp mukti hōyē

Océan de compassion, O Mère, sauve-moi.
Un regard de Toi suffit à effacer tous les péchés.

JAY JAY SATGURU

Jay jay satguru maharāṇi amṛtānandamayī
jay jay durga maharāṇi amṛtānandamayī

Gloire au suprême guru, Amritanandamayi,
gloire à l'Impératrice, manifestation de Durga.

Amṛtēśvarī bhavāni
amṛtēśvarī śivāni
nārāyaṇi mama jananī
amba amṛtānandamayī

Déesse immortelle, Tu es Bhavani, Shiva et Narayani.
Ma Mère, Mère Amritanandamayi.

Pūrṇṇa brahma swarūpiṇyai
satchidānanda mūrttayē
ātmārāmāgraganyāyai
amṛtēśvariyai namō namaḥ

Manifestation de la Vérité dans sa plénitude ;
Existence, Connaissance et Vérité incarnées,
Suprême parmi ceux qui sont établis dans le Soi,
nous nous prosternons devant la Déesse immortelle.

Sarvva mamgala māmgalyē
śivē sarvartha sādhikē

śaraṇyē triyambakē gauri
nārāyaṇi namōstutē

Tu nous accordes tout ce qui est propice, Epouse de Shiva,
Toi qui exauces tous les désirs, refuge des dévots, Gauri,
Durga, nous nous prosternons devant Toi.

Sudhāmayī dayāmayī
kṛpāmayī jaganmayī
surēśvarī mahēśvarī
śivamkarī abhayamkarī

Incarnation de la pureté, Mère compatissante,
si gracieuse, Mère de tous. Tu es le Maître de tous les dieux,
grande Déesse, Epouse de Shiva, Tu nous délivres de la peur.

Suvāsini suhāsini
nitya brahmachāriṇi
yaśasvini tejasvini
sarvalōka pāvini

Déesse mariée sous de bons auspices, Vierge éternelle
au beau sourire, toute gloire est tienne, O Déesse de lumière,
Tu es le support des trois mondes.

JAY JAY ŚYĀMALA

Jay jay śyāmala sundari kāli
jay jay akhilōddhārinī kēli
ānandāmṛita varṣiṇi mahitē
kālātīta niṣēvaṇa niratē

Victoire à Kali, Déesse à la forme sombre.
Victoire à Toi qui rachètes le monde. O grande Déesse,
Tu accordes la béatitude immortelle. Shiva Lui-même,
qui transcende le temps, Te vénère.

Jaya bhayahāriṇi jaya bhavatāriṇi
amṛtapurēśvarī sundari kāli

Victoire à Celle qui balaye toute peur
et nous fait traverser l'océan de la transmigration.

Jay jay kāli mā kāli mā kāli mā

Victoire à Mère Kali.

Amṛtapurēśvarī jaga jananī
amṛtapurēśvarī mama jananī

Déesse d'Amritapuri, Mère universelle, O ma Mère.

Paramānanda samutthita madabhara
kalitamanōhara narttanalasitē
irukaikoṭṭi tālamurtirttatha
tērutērē naṭanam chēyvū mahēśi

O Déesse suprême, ivre de béatitude infinie,
Tu danses avec grâce et énergie, en frappant dans Tes mains.

Spandana śithilita kuntalajaṭilē
indukalōllasitōnnata niṭilē
jay jay kāli sanātana jananī
jay jay bhakta janāvana sujanī

Sur Ta chevelure longue et épaisse, Tu portes
une couronne ornée du croissant de lune.
Victoire à Kali, la Mère éternelle qui sauve les dévots.

Jīvikal udayam chēyvatin mumbiha
dēvi kapālika mālayaṇiññōl
ulakinnuyirāy mēvinatāvaka
chalanam pala pala jīvanidānam

O Déesse parée d'une guirlande de crânes humains,
Tu existes depuis le commencement du temps.
Tes mouvements sont la cause de la création.

JAY KALYĀṆĪ JAY BHAVĀNĪ

Jay kalyāṇī jay bhavānī
dēvi durgē mātā (2x)

Victoire à Celle qui accorde tout ce qui est propice,
Victoire à la déesse Bhavani. Victoire à la Mère divine, Durga.

Ambē mātā durgē mātā

O Mère, Mère Durga

Tum hō mā karuṇā kī mūrtti
dās kī sunalē vinati
samsara sē dē mā mukti
janma kā lakṣya kardē pūrtti

Mère, Incarnation de la compassion. Ecoute la prière
de Ton serviteur et libère-moi de ce cycle
des naissances et des morts (samsara).
Daigne m'accorder l'accomplissement de cette vie humaine.

Dukhōn kī chintā dūr kardē
bhāva bhakti kā dilamē bhar dē
tava charaṇōmē karumē arpaṇ
tērēliyē mā hē yē jīvan

Daigne me libérer de toute inquiétude et de toute souffrance.
Remplis mon cœur de dévotion envers Toi. Je m'offre
en adoration à Tes pieds. Mère, cette vie T'est consacrée.

JAY KALYĀṆĪ JAY BHAVĀNĪ (MARATHI)

Jay kalyāṇī jay bhavānī
dēvi durgē mātā (2x)

Victoire à Celle qui rend tout propice,
Victoire à la Déesse Bhavani.
Victoire à la Mère divine, Durga.

Ambē mātā durgē mātā

O Mère, Mère Durga

Mātē tu prēmāchī mūrtti
udanḍa āyī tujhi kirti
samsārā tūn dēyī mukti
janmāchē lakṣya hōyī pūrti

Mère, Incarnation de l'Amour, écoute la prière de Ton serviteur et libère-moi de ce cycle des naissances et des morts (samsara).
Daigne m'accorder l'accomplissement de cette vie humaine.

Dukhāṅchī kālajī karu nakō rē
bhakticha bhāva tu sōḍū nakō rē
thakalēlyā manālā viśrānti dē rē
ambēchē smaraṇa karuna ghē rē

Daigne me libérer de toute inquiétude et de toute souffrance. Remplis mon cœur de dévotion envers Toi. Je m'offre moi-même en adoration à Tes pieds. Mère, cette vie T'est consacrée.

Ayīchī kṛpā aśī nirālī
aṅdhār miṭēl yēyīl divāli
dār manāchē ughaḍē asū dē
mātēlā tithē yēvūna basū dē

La grâce de Mère est infinie, elle chassera les ténèbres. Alors ce sera le festival des lumières (divali). Ouvrez les portes du cœur, préparez un trône et installez-y la Mère divine.

JINKI KARUṆĀ HĒ APĀR

Jinki karuṇā hē apār
jinki ānkhō mē hē pyār
jinkā darśan pā kē
sab hō jāyē nihāl
vō hē santōshi mā
mērī santōshi mā
jay santōshi mā

La Déesse à la compassion infinie, Celle dont les yeux débordent d'amour, dont le darshan bénit notre vie, cette Déesse est Santoshi Ma. Salutations à Toi, O Mère.

Jinki mana mē hē viśvās
vahi mā mērī kartti hē vās
kōyi lōṭṭā nahīm udās
āyā mā jō tērē pās
sab samkata hāriṇi mā
jay santōshi mā

Ma Mère demeure dans le cœur de tous ceux qui ont la foi. Personne n'est revenu triste après avoir approché Mère. O Toi qui détruis les obstacles, salutations à Santoshi Ma.

Jō prēm sē śīś jukkāyē
mā unpar kṛpā tū barsāyē
yamdēv bhī unsē ghambarāyē
kabhī unhē vō chū nahī pāyē

śub kārini mā
jay santōshi mā

La grâce de ma Mère se répand sur ceux qui, avec amour, s'inclinent à ses pieds. Le dieu de la mort lui-même craint de s'en prendre aux dévots qui ont pris refuge auprès de Mère. Toi qui accordes ce qui est favorable, salutations à Santoshi Ma.

Āvō mā kā nāma japē
bhāva sē unkī bhakti karē
mā sabmē mā kā rūpa dharē
dilsē unkī sēvā karē
bhavatāriṇi mā
jay santōshi mā

Allons, chantons le nom de Mère. Chantons Sa gloire avec amour.
Servons l'humanité en voyant Sa forme divine en tous les êtres.
O Toi qui nous délivre de l'océan de la transmigration, salutations à Toi, O Santoshi Ma.

Prēm sē bōlō...jay mātā kī
jhōr sē bōlō...jay mātā kī
dil sē bōlō... jay mātā kī
bhāv sē bōlō...jay mātā kī
mil kē bōlō...jay mātā kī
miṭhā bōlō...jay mātā kī
sarē bōlō...jay mātā kī
jay mātā kī...jay mātā kī

Chantons avec amour...victoire à Mère. Chantons à pleine voix...victoire à Mère. Chantons de tout cœur...victoire à Mère. Chantons avec dévotion...victoire à Mère. Chantons à l'unisson...victoire à la Mère. Chantons tendrement...victoire à Mère. Chantons ensemble victoire à Mère, victoire à Mère.

JĪVITAMENNUM

Jīvitamennum śōbhanamākkum
bhāvukadīpam nī ammē
jñāna tapasvikal tēṭumśāśvata
śāntinikētam nī

Mère, Tu es la Lampe de l'amour qui illumine la vie.
Tu es la demeure éternelle de la paix,
que les ascètes cherchent au tréfonds d'eux-même.

Prēma payasvini vēda manasvini
dēvi sarasvati nī ammē
phalavilōchini pāpavimārdhini
tāpavināśini nī

Tu es la rivière d'amour, O Dévi Sarasvati,
en Toi existent les Védas. Tu es la Déesse
aux trois yeux qui efface le péché et la souffrance.

Nāda vinōdini vēda purātini
gāna vilōlini nī ammē
pāhiniranjjini yōga sugandhini
dēvi sanātani nī

Tu savoures la musique et les chants. Protège-nous,
O Mère éternelle, pure et dont émane la fragrance du yoga.

Lōka kṛpānidhi jñāna kalānidhi
kāvya payōdadhi nī ammē
dīnadayāmayī dhyēyasudhāmayī
snēhadayāmayī nī

Demeure de compassion qui accueille tous les êtres,
Trésor de la connaissance, des arts et de la poésie,
Tu débordes du doux nectar de l'amour et de la compassion
et c'est sur Toi qu'il faut méditer.

Mānavajīvita nādavipañchiyil
nūtanarāgam nī ammē
prēmarasāmṛta māripozhikkumo
rādimanādam nī

O Mère, Tu es la nouvelle mélodie qui vibre sur la vina de la vie humaine. Tu es le Son primordial, la Pluie du nectar de l'amour.

KAISĀ SANDĒŚĀ

Kaisā sandēśā tumdē gayē kānhā
mērē gōpiyōm kabhi āsūna bahānā
tujhē dēkhnē rādhā pyāsi jō rahatihē
āsuvōm kō pikē kūcha pyās bujhātihē

O Krishna, quel message nous as-Tu envoyé ? « Mes chères gopis, ne versez jamais de larmes ». Radha a soif de Te voir et se désaltère tant bien que mal en buvant les larmes versées en pensant à Toi.

Ēk pal jō bītē yug jaisā lagtāhē
tērē binā yē jīvan sūna lagtā hē
sāsōm kē chalnē kā nām hē jīnā tō
jī rahī hē rādhā samajh lēnā kṛṣṇā
kṛṣṇā...kṛṣṇā

Un seul instant sans Toi me semble durer un millier d'années. Sans Toi, cette vie n'a pas de sens. Si vivre consiste uniquement à respirer, alors on peut affirmer que Radha est vivante. Comprends cela, O Krishna !

Tune jō kah diyā hastēhī rahnā
nahī hōtā mujhsē rōtē huyē hasnā
tērē sivā kōyi khuśi na jānu mē

tumhi hō sab kuch tērē charaṇōm ki dasi mē
kṛṣṇā...kṛṣṇā

Tu nous as demandé de garder toujours le sourire,
mais il est difficile de sourire en pleurant.
L'unique bonheur de Radha, c'est Toi. Pour elle, Tu es tout.
Radha est Ta servante, humblement assise à Tes pieds.

KĀKKAI CHIRAGINILĒ

Kākkai chiraginilē nandalālā - nintan
kariyaniram tōnṭrutayē nandalālā

Les plumes bleutées du corbeau me rappellent
la couleur sombre de Ta peau, O Nandalala.

Kēlkkum oliyilellām nandalālā - nindan
gītam isaikkutaṭā nandalālā

Dans chaque son, c'est Ton chant que j'entends, O Nandalala.

Pārkkum maraṅkalellām nandalālā
nandalālā.....(2x) - nintan
pachainiram tōnṭrutayē nandalālā

En chaque arbre, c'est Ton teint d'émeraude que je vois, O
Nandalala.

Tīkkul viralai vaittāl -
nandalālā - ninnai
tīṇṭuminpam tōnṭrutaṭa nandalālā

Auprès du feu, O Nandalala, j'ai la sensation d'être purifié.
De même que le feu réduit tout en cendres,
Tu consumes toutes mes tendances négatives.

Nandalālā hē nandalālā
vṛndāvana gōvinda bālā...(2x)

O Nandalala, petit pâtre de Vrindavan.

KĀLAM KANALU

Kālam kanalu pozhikkunnu
jīvan taṇalu kotikkunnu
jīvita vīthiyil mullum pūvum
vāri vitaykkunnu vidhihitam
āru ninaykkunnu

Le temps (le destin) nous apporte la souffrance comme des averses de feu. L'âme aspire à trouver un abri. Le chemin de la vie est semé d'épines et de roses. Qui sait ce que nous réserve le destin ?

Cheytatinotta phalam nukarumbōl
chiri tūkum chilar karayum
niyati niyōgam karmmavipākam
nizhalukal pōl pintuṭarum

Certains rient et d'autres pleurent en récoltant
le fruit de leurs actions. Ce que décrète le destin,
ce qu'engendrent nos actes nous suit comme une ombre.

Samamāy kāṇuka sukha dukhaṅgal
samaya vidhēyamitellām
anubhava mātrakal mārum nammal
anubhava sākṣikal mātram

Efforcez-vous de considérer le bonheur et la souffrance
avec équanimité. Tout est soumis à la volonté du temps.
Nos expériences ne durent qu'un moment.
Nous n'en sommes que le témoin.

**Āśakal neyyum janimṛti pāśam
azhiyumbōl azhalozhiyum
ātmavichāra gatiyatha pulki
nukaruka paramānandam**

La souffrance prend fin quand nous brisons les liens de la naissance et de la mort, ces liens tissés par nos désirs. Suis la voie de la contemplation du Soi et goûte la béatitude suprême.

KĀLINDI KĀLIL

**Kālindi kālil chilanpu keṭṭi
nīntumō bhūpālam mūli mūli
nīlakkadampukal pūṅkula kaikalāl
tūvumō vīṇṭumā tūmarandam**

La rivière Kalindi résonnera-t-elle à nouveau du tintement des bracelets de cheville et des éclats de rire des baignades ? Chantonnera-t-elle le raga (mode musical) bhupala ? Les fleurs bleues de kadamba offriront-elles à nouveau leur doux nectar ?

**Dūredūrettetō manassu tēṅgunnatin
dīnadīnasvanam nērttu kēlkkunnuvō
tāṇizhayunnilam tennalin lōlamām
tantriyilōlum orēkāntarōdanam**

Au loin, très loin, on entend vaguement les sanglots d'un cœur qui souffre. La brise mélancolique, lourde de chagrin, porte en elle un gémissement solitaire.

Ātirappūkkal anāthamāyī
chūṭuvān rādha varāteyāyī
āśatan hṛnnīrkkuṭam takarnni malar
vāṭunnu saurabham chōrnnutīrnnu

Les fleurs atira attendent, solitaires, Radha,
mais elle ne vient plus s'en parer. Tous les espoirs du cœur de Radha se sont brisés. O vois, cette fleur fanée, ce parfum desséché.

Rāgavilōla muraliyūti
rājīvanētran aṇaṅgiṭāykil
rādha varilla varāykilōrō mṛdu
tārum talirum talarnnuvīzhum

Si l'Enfant aux yeux de lotus ne vient pas,
s'il ne joue pas les mélodies apaisantes de sa flûte,
alors Radha non plus ne viendra pas et toutes les fleurs,
tous les boutons se faneront et tomberont.

KAṆMALAR TIRANTU

Kaṇmalar tirantu kaṭaikaṇ pārttu
kavalaikal pōkka varūvāy kaṇṇā
manmakal kaṇavā malarmakal talaivā
malarpadam enakku taruvāy

O Kanna, viens, ouvre Tes yeux de lotus et libère-moi
de toute souffrance en m'accordant la grâce d'un regard.
Seigneur de la Fille de la terre, Seigneur de Lakshmi,
puissé-je attraper Tes pieds bénis, daigne m'accorder cette faveur.

Kalla chakaṭanai kālāl utaitta
kallai ponnāy kanintiṭa cheydha
pulvāy pilantu bhūtalam kātti
pollā marattai sāytta kaṇṇā

O Kanna, Tu as tué Sakatasura,
Tu as montré à Yeshoda (sa mère adoptive)
l'univers entier dans Ta petite bouche
et Tu as transformé une pierre en or.

Vānavar vāzhvu sirantiṭa cheyya
vānamud inta nandakumārā
dānavar serukkinai ozhitida vēṇṭi
dasāvatāram eṭutta amarā

O Nandakumara, Tu as distribué le nectar de l'immortalité
aux dieux pour leur permettre d'évoluer, et Tu t'es incarné
dix fois pour détruire l'ego des démons.

Āychiyar azhaikka ōṭiyē vantāy
anpōṭu unnai anaittiṭa varuvāy
kāychiya pālōṭu tayirum taruvēn
kaṇṇē maṇiyē vēdanai tīrppāy

Toi qui as répondu à l'appel des gopis, daigne m'apparaître
aussi, afin que je puisse T'étreindre avec amour.
O mon trésor chéri, je Te donnerai du lait et du yaourt.
Daigne mettre fin à mes souffrances.

KAṆṆAṆAI KANDĀYŌ NĪ

Kaṇṇaṇai kandāyō nī tōzhi
annayin ātankam nī ariyāy kaṇṇā
alli aṇaittiṭavē ēnkukinṭrāl

Chère amie, aurais-tu vu Kanna ? O Kanna, ignores-Tu
ce que ressent Ta mère ? Elle languit de Te serrer dans ses bras.

Yaśōdhai annai azhaikinṭrāl
anpu kaṇṇā nī enku chenṭrāy
paśukkalai mēykka nī chenṭrāyō
bālā līlaikkāy chenṭrāyō
avalai kaikalil vaittu koṇṭu
anpuṭan tēṭi alaikinṭrāl

Mère Yashoda T'appelle, Kanna chéri, où es-Tu allé ?
Es-Tu allé faire paître les vaches. Es-Tu allé jouer
quelque tour espiègle ? Elle Te cherche et a emporté
des flocons de riz sucrés pour Te les donner.

Veṇṇai uṇṇa nī chenṭrāyō
vēṇugānattil marandāyō
pinnāl varukinṭra gōpiyarin
piriyattil avalai marandāyō
rādhāyai tēṭi cenṭrāyō anta
rāgattil tāyai marantāyō

Es-Tu allé manger du beurre ou bien es-Tu parti en extase,
ravi par la musique de Ta flûte ? Les gopis
T'ont-elles fait oublier Ta mère,
tant elles brûlaient du désir de Te voir ?
Où bien es-Tu parti à la recherche de Radha ?

Yamunātīra vihāri jay
vṛndāvana sañchāri jay
gōvarddhana giridhāri jay
gōpālā kṛṣṇā murāri jay

Victoire à Krishna, qui joue sur les rives de la Yamuna
et se promène dans Vrindavan. Victoire au petit pâtre
qui a soulevé la montagne Govardhana.

KAṆṆĀ VĀ VĀ VĀ

Kaṇṇā vā vā vā muki loli varṇṇā vā vā vā

Viens, Kanna, viens, Toi qui as le teint sombre des nuages de pluie, viens.

Tirumuṭiyil taru pilikal cūṭi
kēli kalāṭi vana murali kayil
rāgam tālam pallavi pāṭi
kaṇṇa vā vā vā muki loli
varṇṇā vā vā vā

Une plume de paon magnifique orne Ton front
et sur Ta flûte enchanteresse, Tu joues une douce mélodie.
Viens, Kanna, viens, enfant au teint sombre.

Kilu kile kiluṅguṇa kālttala nādam
madhuram nirayum puñchiri rūki
arayil kiṅgiṇi chārttiyoruṇī
kaṇṇa vā vā vāmuki loli
varṇṇā vā vā vā

Tes bracelets de cheville tintinnabulent,
Ton sourire est doux comme le miel
et Tu portes une belle ceinture, viens, Kanna, viens.

Tarivala kiṅgiṇi tālamuyarnnu
mañ peṭṭu ṭayāṭayaṇiṇa
mathi varuvōlam veṇṇa nukarnna
kaṇṇā vā vā vā muki loli
varṇṇā vā vā vā

O Krishna vêtu de jaune, Tu manges du beurre à satiété.
Viens, apparais devant nous, enfant au teint sombre.

KAṆṆĪR KAṬALUKAL

Kaṇṇīr kaṭalukal nīntikkaṭannu ñān
kaṇṇā nin tīramaṇaññu
enkilum en vidhi etra bhayānakam
agni mēghaṅgalen chuttum nāthā
nin virahāgni varṣippū

O Kanna, j'ai traversé des océans de larmes
pour atteindre Ta rive. Mais hélas ! Terrible est mon destin,
O Seigneur, de tous côtés, les nuages ardents
viennent attiser le feu de la séparation !

Janmavalli kkuṭil tōrum naṭannu ñān
ninne tiraññu karaññu
enniṭṭum en munnil onnu vannīṭāte
eṅgō maraññu nilkkunnu kaṇṇā
entē maraññu nilkkunnu

J'ai erré à Ta recherche dans la jungle de nombreuses vies.
Pourquoi Te caches-Tu, O Kanna, sans m'apparaître ?
Pourquoi Te caches-Tu encore ?

En chuṭu vīrppukal ētu vāṅgīṭṭitā
chilli mulankāṭu tēṅgi
en kitappatrayum ētu vāṅgīṭṭitā
kālindiyum kitaykkunnu kaṇṇā
nin kṛpamātramillenno

Vois comme la forêt de bambous se lamente,
incapable de supporter la brûlure de ma transpiration,
et comme je n'ai plus de souffle,
la rivière Kalindi aussi est hors d'haleine.
O Kanna, est-ce Ta grâce seule qui me manque ?

KARA LŌ NAIYĀ PĀRA

Kara lō naiyā pāra hamāre
jaga kē pālaka mērē rām

Daigne amener la barque de ma vie aux rives éternelles,
par-delà l'océan des naissances et des morts (samsara),
O Protecteur du monde, Seigneur Rama.

Śrī rām jay rām jay jay rām (4x)

O Seigneur Rama, salutations à Toi.

Jō gāyē prabhu tērī mahimā
māyā jāl sē mukti pāyē
jō ban jāyē dās tumhārō
sachā dhan bas vō hī pāyē

Celui qui chante Ta gloire est libéré à jamais du piège vicieux de l'illusion (maya). Celui qui devient Ton serviteur, celui-là seul acquiert la véritable richesse en ce monde.

Kab hē mērī bārī rām
darśana dēnā mērē rām
basa jāō mērē mana mē rām
dēra na karanā sītārām

Quand aurai-je à mon tour Ton darshan, O Rama ?
Daigne venir résider dans mon cœur sans délai.

Jin ānkhō mē ram jāyē rām
rām kā darśan sab mē pāyē
dukha kā har kaṇa sab miṭa jāyē
brahmānanda hī bas raha jāyē

Celui dont les yeux sont remplis de la vision de Rama,
celui-là voit le Seigneur en chacun. Alors il n'y a plus
la moindre trace de souffrance ; il ne reste que la béatitude.

Kab hē mērī bārī rām
darśan dēnā mērē rām
bas jāō mērē man mē rām
dēra na karanā sītārām

Quand aurai-je à mon tour Ton darshan, O Rama ?
Daigne venir résider dans mon cœur sans délai.

Sīta rām rām rām (4x)
bolo rām rām rām (4x)

Chantons le nom du Seigneur...Ram, Ram, Ram.

KARAYUM KĀRMUKIL

Karayum kārmukil kaṇṭāl mātram
pīli viṭiṭarttum mayilē
āśāḍhamēghamāy ñān nilkkunnu
āṭū kṛṣṇā mayilē
ente dukhattil sānandamāṭū

O paon, quand tu vois les nuages en pleurs,
alors Tu fais la roue. Je suis comme un nuage de mousson.
Danse comme danserait Shri Krishna, O paon,
efface mon chagrin, transforme-le en béatitude.

Nirayum kālindi tīrattāṭān
kotikku nīlamayilē
enśrudhārā kālindi tīratta
āṭū kṛṣṇā mayilē
ente dukhattil sānandamāṭū

O paon bleu, viens, danse sur les rives de la Kalindi,
cette rivière de larmes. Danse comme danserait Shri Krishna,
O paon, efface mon chagrin, transforme-le en béatitude.

**Śōka nikuñjattil kaṇṇīr kanikal
tēṭiyiṅgettu mayilē
tṛptil kāruṇya kēkāravattil
āṭū kṛṣṇā mayilē
ente dukhattil sānandamāṭū**

O paon, tu cherches les larmes dans les profondeurs de mon chagrin. Chante la miséricorde. Danse comme danserait Shri Krishna, O paon, efface mon chagrin, transforme-le en béatitude.

**Hē giridhāri kṛṣṇā murārī
viraha vṛndāvanachārī
ennārtta hṛttil vṛndāvaniyil
āṭū kṛṣṇā mayilē
ente dukhattil sānandamāṭū**

O Krishna, Toi qui a soulevé la montagne Govardhana, Toi qui te promenais dans Vrindavan, viens dans le Vrindavan de mon cœur en peine. Danse comme danserait Shri Krishna, O paon, efface mon chagrin, transforme-le en béatitude.

KARPPŪRADĪPAM

**Karppūradīpam tozhutu nilkkumbōl
ullattileṅgō ñān mōhichu
ammē, dēvi, amṛtavarṣiṇi,
karppūram āyirunneṅkil, ñānā
karppūram āyirunneṅkil!**

Alors que je me tenais, plein de respect,
devant le camphre enflammé, du plus profond
de moi-même a jailli un désir. Amma, Dévi, Amritavarshini,
si seulement j'étais ce camphre, si seulement j'étais ce camphre.

Sādhakanallivanammē, janma -
vēdanayenne grasippū.
nīrum manassinnorāśvāsam ēkuvān
tūmandahāsam pozhikkū, māyē,
tūmandahāsam pozhikkū

O Mère, je ne suis pas un chercheur spirituel (sadhak) ;
la souffrance me submerge. Accorde un peu de réconfort
à mon esprit chagrin, montre-moi Ton sourire gracieux,
O Mère, Illusion cosmique, montre-moi Ton sourire gracieux

Bhōgāśayērunnu nīle - pinne
tyāgāśayētumēyilla.
kālam vṛthāvilāvunnu dayāmayī,
chārattaṇayāttatentē, dēvi,
chārattaṇayāttatentē?

Le désir pour les plaisirs du monde semble inépuisable,
il éteint l'aspiration au renoncement. C'est ainsi
que le temps est gaspillé en vain, O Déesse compatissante,
viendras-Tu, viendras-Tu ?

KARUṆĀ MAYĪ SNĒHA ARUṆŌDAYAM

Karuṇāmayī snēha aruṇōdayam ñān
śaranāgati ninte charaṇālayē
amṛtēśvarī annapūrṇṇēśvarī enṭe
hṛdayam nī, ñān cheyta pūjāphalam

O Mère compatissante, Tu éveilles en nous l'amour.
Je m'abandonne à Tes pieds sacrés. Déesse immortelle,
Déesse nourricière, accorde-moi la béatitude
de Te vénérer dans mon cœur.

Śāradāmbikē śravanē madhurāmayī
śivasundarī śōka rōga vināśinī
sādhūjana paripālakē ātmīyabhōdha
prakāśa prasāda prasīda mē

Mère Sharada, Mère des Védas, douce, belle et propice,
Tu effaces les chagrins et les maladies. Tu répands
Tes bienfaits sur les êtres vertueux, O Conscience
lumineuse et suprême, daigne être satisfaite de moi.

Añcātē nin śakti arivanāy chilaraṅgu
pañchāmṛtattināy kāttuninnīṭavē
añchuviral kāṭṭi nī abhayakaram nīṭṭi nī
chāñchāṭum verum pātram akṣayapātramākki nī

Pour faire l'expérience de Ton énergie divine, certains mangent
le prasad composé de cinq sortes de sucres. De Tes cinq doigts,
Tu fais le geste qui protège de la peur. Placé entre Tes mains,
un récipient vide devient inépuisable.

Vēdyāsakula jātayām nin tiru
vaibhavam kāṇānāy nin kulavāsikal
vēdanayōṭaṅga matsyam chōdikkavē
vembum kaṭal matsyamaṇḍalam ākki nī

Tu es né dans le clan du sage Veda Vyasa.
Quand les pauvres pêcheurs de Ton village
ont demandé de la nourriture, Tu as calmé l'océan démonté
et ils ont soudain trouvé abondance de poissons.

KĀRUṆYA PĪYŪṢADHĀMAM

Kāruṇya pīyūṣadhāmam, amma
kāṇappeṭunnātma tatvam
ñānenna bhāvam naśichātmasamśuddhi
nēṭunnavar kāṇmu satyam

Mère, coupe pleine du nectar de la compassion,
est la vérité de notre Soi manifestée devant nous.
A ceux qui effacent leur ego et parviennent
à l'état de pureté intérieure, cette vérité est révélée.

Kāṭṭunnu nērāya mārgam, amma -
yēkunnu nityāvabōdham
mārum prapañcattinādhāramāy mēvum -
ānandamūrtē tozhunnēn

Mère nous montre le chemin juste et nous accorde
la Connaissance éternelle. O Incarnation de la béatitude,
Substrat de cet univers changeant, je Te salue.

Tīrtṭhaṅgalil kulikkēṇṭa, ghōra -
ghōram tapam cheytiṭēṇṭa,
ammayil mānasam chemmēyurappichu
dhanyamāy tīrkkuvin janmam!

Il n'est pas nécessaire de se plonger dans les eaux sacrées
ni de se livrer à de sévères austérités. Pour que notre vie soit
bénie, il suffit de garder l'esprit fermement fixé sur Mère !

KAṬALŌRAM TAPAMCEYYUM

Kaṭalōram tapam ceyyum kāliyammā
kanivōṭu emai kākkum śaktiyammā
maṭal virikkum tāzhai ena bhaktivellam
maṉpathayil pāychukintra śaktiyammā

O Mère Kali, Tu es engagée dans de sévères austérités
sur le rivage de l'océan. Tu es l'Energie suprême
qui nous protège avec tendresse. La rivière de
Ton amour divin inonde la terre entière.

Piraviyenum kaṭal kaṭakka tōṇi āvāi
pirpaṭṭōr nalam peravē ēṇi āvāi
marati enum mayakkathai pōkkiṭuvāi
manathil irai chintanaiyai valarttiṭuvāi

Tu es le bateau qui nous fait traverser l'océan de la naissance
et de la mort. Tu es l'échelle que les ignorants
empruntent pour atteindre le but. Tu remplis notre esprit
de la pensée de Dieu ; Tu nous réveilles du sommeil de l'oubli.

Uravu solli tiruvaṭiyai pattrinirppōr
uyarvaṭaya varam taruvāl entrum aval
turaviyarum pōṭṭrukintra tūyavalē
teviṭṭāta pērinbam tarupavalē

A celui qui ne dépend que de Toi, Tu accordes la faveur
de la prospérité éternelle. Les grands ascètes eux-mêmes
chantent Tes louanges. Tu donnes à tous la béatitude éternelle.

KITĪ ĀNANDA RĒ (MARATHI)

Kitī ānanda rē paramānanda rē
tujhē nāmāchē guṇagān
jay rām jay rām jay śrīrām
raghupati rāghava rājā rām

O Rama, gloire à Toi, quelle béatitude
suprême de chanter Ton nom divin.

Jay jay rām rām rām sita rām
jay jay rām rām rām sita rām

Victoire au Seigneur Rama.

Dōn akṣarānchē nām tujhē
mahimā tyāchī śabdāmchyā pār
pāpāmchē bhār jāvē miṭūn
jō mhaṇē jay śrī rām

Ton nom béni n'a que deux syllabes mais Ta grandeur est au-delà des mots. Si nous chantons le nom de Ram, nous voyons disparaître le fardeau de nos péchés.

Manāta jyāchē gumjatē rām
tithē prabhuchē mamgala dhām
manāta jyāchē dāsālā bhāv
tithē viśrām kartō ram

Le Seigneur glorieux réside en celui dont l'être intérieur résonne du nom de Ram. Le Seigneur demeure dans le cœur de celui dont l'humilité est totale.

Japu sadā mī nām tujhē
ruchi tyāci vāḍhavū dē rām
divya rūpāchē darśan dē ūn
tujhyāśī ēka karun gē rām

Puissé-je chanter Ton nom à jamais, Seigneur Ram,
puisse le désir de répéter Ton nom croître en moi.
En m'accordant la glorieuse vision de Ta forme,
daigne m'unir à Toi.

KṚṢṆĀ MURĀRI (YAMUNĀ TĪRA)

Kṛṣṇā murāri... vrindāvana sañchāri
vrindāvana sañchāri

O Krishna, Toi qui as tué le démon Mura,
Tu te promènes librement dans Vrindavan.

Yamunā tīra vihāri
vṛndāvana sañchāri
gōvarddhānōddari
gōpālā kṛṣṇā murāri

Krishna, Tu muses sur les berges de la rivière Yamuna
et dans les rues de Vrindavan, Tu as soulevé la montagne Govardhana,
O petit pâtre, Tu as tué le méchant démon, Mura.

Ippirappu pōnāl enakku
eppīrappu vāykkumō kaṇṇā
oppuyarvillata ōmkāra
kuzhalisaippāyappā... kaṇṇā

Si je manque la chance qui m'est donnée dans cette vie,
quand aurai-je de nouveau l'occasion d'entendre le son Om,
le son incomparable qui jaillit de Ta flûte ?

Tappāmal uyirinaṅkallellām tanai marantu
irukkum appōdu nān chiru pullāy - kallāki
pullākavō anri kallākavō irukka vēṇṭum

Tous entrent alors en extase. Je devrais au moins y assister, même si c'est sous la forme d'un brin d'herbe ou d'une pierre.

Azhakiya vṛndāvanam taniloru
pullāy piravi tara vēṇṭum
kaṇṇā punitamāna pala kodi piravi tandālum
vṛndāvana matiloru pullāy piravi tara vēṇṭum

O accorde-moi de naître dans la ville bénie de Vrindavan,
même si je ne suis qu'une tache d'herbe !
Tu peux me donner des centaines de millier de vies, mais
accorde-moi d'être l'herbe de Vrindavan.

Pullāyinum nedunāl nillātu - enavē
kallāy piravi tara veṇṭum - oru chira
kallāy piravi tara vēṇṭum

Mais si je suis herbe, cette vie passera vite,
alors mieux vaudrait que je sois pierre !

Kamala malariṇaikal anaya enatu ullam
pulakitamutriḍum bayamatriṭum ena oru pullay...

Quand je verrai Ta forme divine, parée de fleurs de lotus,
mon cœur sera ravi et je transcenderai toute peur.
O Krishna, accorde-moi de naître comme de l'herbe ou
comme une pierre à Vrindavan.

KṚṢṆANAI BHAJANAI ŚEYVĀY

Kṛṣṇanai bhajanai śeyvāy manamē dinamē
kṛṣṇanai bhajanai śeyvāy

O mon mental, vénère Krishna ! Vénère chaque jour Krishna.

Vṛṣṇi vamśaja vraja samrakṣaka
rādhā ramaṇanai bhajanai śevāy

Krishna est né parmi les Vrishnis, Il est le sauveur des pâtres et le Bien-aimé de Radha. O mon mental, vénère Krishna.

Gōpi vallabha gōkūla pālanai
gōpari pālanai bhajanai śevāy

O mon mental, vénère l'ami des gopis,
le refuge des habitants et des vaches de Gokul.

Kāliya marddanai kamśa vidhvamsanai
dvāraka pālanai bhajanai śevāy

En dansant sur le capuchon levé du serpent Kalya,
Il a détruit son ego. O mon mental, vénère Celui
qui a vaincu Kamsa, vénère le sauveur de Dvaraka.

Pāṇḍava rakṣaka kauravaśikṣaka
pūrandara viṭhalanai bhajanai śevāy

Il a sauvé les vertueux Pandavas et anéanti les traîtres Kauravas.
O mon mental, vénère Celui qui réside dans le temple de
Pandarpur sous la forme de Purandhara Vithala.

KUCH NA LĒ

Kuch na lē āyā tū
kuch na lē jāyēgā
nām hari kā japa lē
samga vahī āyēgā

O Homme, Tu es venu en ce monde les mains vides
et c'est ainsi que tu le quitteras. Chantons donc le nom du
Seigneur Hari, Lui seul nous accompagnera.

Hari bōl hari bōl hari hari bōl (2x)
Chante le nom de Hari

Hōgā kyā kal yē
na tujhakō khabar hai
kuch dinōm ka hai rē
jīvan safar yē

Vous ne savez pas ce qu'il adviendra demain.
Cette vie est un voyage qui ne dure que quelques jours.

Samay na gavā
ab tō hari hari bōl (2x)

Sans plus perdre de temps, chante le nom de Hari.

Sukha mē sab sāth rahē
dukha mē na kōyī rē
apanē sē badkar
na prēm karē kōyī rē

Dans les moments de prospérité, vous aurez beaucoup d'amis, mais dans les moments d'infortune, personne ne vous offrira son soutien. Nul n'aime autrui plus que lui-même.

LĒ LŌ ŚARAṆA MĒ MĀ

Lē lō śaraṇa mē mā
jananī hē jagadīśvarī mā
tum hō saba kuch mā mērī
mātā pitā guru īśvara bhī

O Mère, accorde-moi refuge, O Déesse de l'univers, Tu es tout pour moi. Tu es ma Mère, mon Père, mon guru et Dieu

Dūr karō mā jaga kī māyā
ab tō mujhkō dē dō sahārā
tava charaṇō mē śaraṇāgat kō
thōdī jagah tō dēnā maiyā

O Mère, daigne me délivrer de l'illusion du cycle
des naissances et des morts. Accorde-moi l'aide
dont j'ai besoin pour élever mon niveau de conscience.
O Mère, daigne bénir celui qui a pris refuge en Toi,
en lui accordant une petite place à Tes pieds de lotus.

Jay jagadambē mamgala dāyinī
abhaya pradāyinī mērī mā

Salutations à la Mère divine, à Celle qui rend tout favorable, à Celle qui donne un refuge éternel.

Rōtā śiśu jab mā kō pukārē
chōḍ kē saba kucha mā dauḍh āyē
sārē jaga kī tuma hō mātā
kyō hē dērī darśan dē dō

Quand un petit enfant en larmes appelle sa mère,
elle accourt aussitôt, abandonnant tout. O Mère,
Tu es la Mère de l'univers. Pourquoi tardes-Tu
à m'accorder Ta vision ?

MAHĀDĒVĀ ŚAMBHŌ MAHĒŚĀ

Mahādēvā śambhō mahēśā manōjñā
mṛḍā manmathārē mahākālamūrttē
śivā śamkarā śarva sarvātmarūpā
samastēśvarā śūlapāṇē namastē

O grand Dieu Shiva, beau Dieu, Tu as tué Kamadéva
(le dieu du désir amoureux), Toi qui rends tout propice,
Tu demeures en chaque être. Nous nous prosternons
devant le Seigneur de l'univers qui tient le trident.

Umākānta kailāsa vāsākṛpālō
kapālī kalādhāri kāruṇyasindhō
bhavā bhasmabhūṣāmga bhaktāntaramgā
bhujamgapriyā bhūtanāthā namastē

Seigneur d'Uma, Tu demeures au mont Kailash, Ta compassion est sans faille, Tu tiens un crâne qui Te sert de bol, Tu portes le croissant de lune, Tu débordes de compassion, Tu connais des extases, Ton corps est couvert de cendres, O Soi des dévots. Salutations au Seigneur des esprits, à Celui qui aime les serpents.

Jaḍābhūṣitā janavītīravāsā
jagannāyakā brahma jīvasvarūpā
guṇātīta gamgādharā gauravarṇṇā
gaṇādhīśa gaurīpriyā tē namastē

Dieu aux cheveux emmêlés qui réside sur les rives du Gange, Seigneur du monde, Essence du Soi individuel et du Soi suprême, Tu es au-delà des gunas.
Dieu au teint blanc qui porte le Gange dans sa chevelure, nous nous prosternons devant Toi, l'Epoux de Gauri, le Seigneur des fantômes et des esprits.

Paśunāmpatē pāpanāśā pavitrā
prapañchēśvarā pārvatī prāṇa nāthā
prabhō patmanābhārchitā bhāvagamyā
bhavānīsamētā namaste namastē

Seigneur de tous les êtres, Tu effaces le péché, Tu es pur de toute éternité ; Seigneur de la Création, vie de Parvati, Seigneur de la dévotion,
Toi que Vishnu vénère, Salutations au compagnon de Bhavani.

MĀHIṢĀSURA MARDINI

Māhiṣāsura mardini
mahapātaka nāśini
praṇatarti vināśini
pranavābdhi vihāriṇi

Toi qui as tué le démon Mahisha, Tu réduis en cendres des péchés formidables, le chagrin de ceux qui se prosternent disparaît, Tu demeures dans l'océan sacré du pranava mantra (le son Om), O Dévi.

Malayāchala vāsini
mamatā madanāśini
satchinmaya rūpiṇi
śaranāgata pālini

Tu demeures dans les régions montagneuses, Tu guéris la maladie de l'ego, Incarnation de la pure conscience, Tu protèges ceux qui s'abandonnent à Toi.

Pāhimām jagadīśvarī
dehimē karunāmṛtam

Protège-moi, O Déesse de l'univers, donne-moi le nectar de Ta compassion.

Jñānāmṛtadāyini
janidukha vināṣini
karuṇāmṛta varṣini
kāli kanmaṣa nāṣini

Toi qui dispenses l'ambroisie de la Connaissance éternelle, Tu détruis la misère engendrée par le cycle de la naissance et de la mort et répands la béatitude de la compassion inconditionnelle, Tu effaces les souffrances de ce kali yuga.

Vēdāmṛta rūpiṇi
varadē abhayamkari
charaṇāmbujam ambā tē
śaraṇam mama santatam

O Incarnation de la béatitude des Védas,
Toi qui accordes des faveurs et Ta protection,
Tes pieds sacrés sont pour l'éternité mon unique refuge.

Santatam vandanam jagadambikē

J'offre mes salutations à la Mère de l'univers.

MAHITA SNĒHAM

Mahita snēham pakarnnun ammē
punitamākkunnu amma
duritapūrṇṇa hṛdaya bhāram
pakaramēlkkunnu

Mère nous bénit de Son amour divin et délivre
notre cœur de ses fardeaux et de ses souffrances.

Iṭari vīzhāthiṭavazhiyil
karamaṇaykkunnu amma
arikiluṇṭannarumavākyam
bhayam akatunnu

Mère nous tend la main et nous évite ainsi de trébucher et de tomber en chemin. Ses douces paroles nous libèrent de la peur.

Mativitumbi mizhitulumbi
chiriyoṭuṅgumbōl amma
arikiletti mizhituṭacha
gatitelikkunnu

Quand notre cœur est douloureux, nos yeux pleins de larmes
et que nos rires s'évanouissent, Mère vient essuyer nos larmes
et nous montrer la voie.

Kanaleriyum karalilamma
karuṇatūkunnu ārum
aruma makkal bhuvanam
ammaykkoru kutumbam tān

Sur les braises ardentes de notre cœur, Mère répand
Sa miséricorde apaisante. Tous sont Ses enfants chéris ;
tous appartiennent à Sa famille, unique et universelle.

Ila manassin telimayōṭā
padamalar tēṭum nammil
kanivoṭamma anubhavattēn
niravukākkunnu

Le cœur rempli (d'amour), cherchons ces pieds de lotus.
Mère garde les trésors de l'expérience spirituelle en nous.

Smaraṇatan pūntaṇalu māyātoru
varam nalkū ammē
karalilennum teliyumaṅgē
mahima pāṭaṭṭe

O Mère, nous implorons la faveur de garder toujours
dans notre cœur Ton souvenir chéri. O Mère, puisse notre
cœur célébrer à chaque instant Ta grandeur par ses chants.

MĀ JAGADAMBĒ

Mā jagadambē darśan tērē
dhanya bhāg mērē
kṛpā jō tērī rahē sadā tō
tar jāyē andhērē

O Mère de l'univers, si je pouvais obtenir Ta vision divine,
quelle bénédiction, quelle chance pour moi ! Si Ta grâce
se répand sur moi, je nagerai, je traverserai l'océan des ténèbres.

Mujhē prēm dō jagadambē
bhakti dō jagadambē
viśvās dēkar mērī
rakṣā karō jagadambē

O Mère divine, donne-moi l'amour pur,
O Mère divine, donne-moi la dévotion.
O Mère divine, protège-moi
en m'accordant une foi parfaite.

Tērī ēk jhalak sē mayā
pulkit huvē sabhī
tērē binā mē ēk pal bhī
jīnā saku kabi

Un seul regard de Toi, O Mère, me ravit
jusqu'au tréfonds de l'âme. Sans Toi,
O Mère, je ne peux pas vivre un seul instant.

Yē jīvan hē vyarth mērā
tērā sāth binā
man mē hē ēkhi ās
tujhsē hē milna

Sans Ta divine compagnie, vaine est mon existence.
Le seul désir de mon cœur est de se fondre en Toi.

Tū jīvan kā sār mērā
tū hī mērā pyār
charaṇō mē tērē sadā rahūn
karnā yē upkār

Tu es l'Essence de ma vie, Tu es mon véritable amour. Daigne m'accorder Ta faveur, daigne me garder à jamais à Tes pieds sacrés.

MĀ JAY JAGADAMBĒ MĀ

Mā jay jagadambē mā jay
mā jay jagadambē mā
hē mātā bhavānī dēvi durgē
tērī jay jay kār

O Mère victorieuse, Mère de l'univers, victoire à Toi. Salutations à Mère Bhavani, à la déesse Durga.

Mā tu mamatā ki mūrthi
mērī jīvan ki tu purthi
mā tu hē mērā darpan
mērā jīvan tērā arpan
tērē charnō kē dhul mē pakār
hō javum uddhār

O Incarnation de l'amour, Tu es l'accomplissement de ma vie, je m'abandonne à Toi. J'ai touché la poussière de Tes pieds vénérés, puisse ma vie être bénie.

Sānjha savērē tujhē pukaru mā
jai jagadambē mā
tērē charaṇōmē śiś jhukāvu
jai jagadambē mā
mujhē pās bulālē mā
mujhē apnā banā dē mā
mujhē apna banākē
is jīvan kō dhanya banādē mā

De l'aube au crépuscule, je chante Ton nom,
O Mère universelle, je me prosterne à Tes pieds sacrés.
Daigne bénir ma vie, appelle-moi tout près de Toi,
fais que je T'appartienne corps et âme.

MĀ JAY MĀ KARLĒ JAPAN

Mā jay mā karlē japan
arpit karkē tu tan man
chōḍ dē jag kī tū lagan
mākō basā lē apanē man

Chante « Gloire à Mère ! » Abandonne-Lui ton corps
et ton esprit. Renonce à ton attachement à ce monde.
Fais de ton cœur la demeure de Mère.

Māyā nē jō ghōrā man
rahā nahi mā kā sumiran
bīt rah hē har ēk kṣaṇ
vyarth na hō tērā jīvan

L'illusion gouverne ton esprit et Tu as oublié Mère.
Mais chaque instant passe, inexorable: ne gâche pas ta vie !

Jab tak hē mē ōr mērā
man mē hē bas andhērā
kahnā mā sab hē tērā
hō jāyēgā ujiyārā

Tant qu'existe le sentiment du « moi » et du « mien »,
l'esprit est rempli de ténèbres. Déclarez fermement :
« O Mère, tout T'appartient » et O merveille,
la lumière entrera en vous.

Prēm sē bhaj lē mā nām
karnā dil sē tu praṇām

pāyēgā tu mā kā dhām
param śānti kā mangal dhām

Chantez le nom de Mère avec amour, inclinez-vous devant Elle du fond du cœur. Alors vous atteindrez la demeure de Mère, le hâvre propice de la paix suprême.

MĀ KĪ NĀV

Mā kī nāv mē āvō bhaiyā
tārōm kē pār jāyēn
āvō, mākī gōd mē jāyēn

Viens, frère, montons dans le bateau de Mère.
Nous voyagerons au-delà des étoiles.
Viens, allons dans les bras de Mère.

Ātmā kī yē yātrā
mā kī gōd mē pūrṇṇa hōyē
mā, jay mā, jay jay mā
mērī pyārī mā, ātma svarūpiṇi mā
mukti pradāyini mā
jay jagadīśvarī ma, jay jagadambē mā

Le voyage de l'âme s'est achevé dans les bras de Mère.
Gloire à Mère ! O Mère bien-aimée, Incarnation du Soi,
Tu accordes la libération ! Victoire à la Reine de l'univers !
Victoire à la Mère de l'univers.

Prēm svarūpiṇi mā kē jaisē
jag mē aisa kōyī nahī rē
mā, jay mā, jay jay mā
mērī pyārī mā, hṛdaya nivāsini mā
bhakti pradāyini mā
jay jagadīśvarī ma, jay jagadambē mā

Mère est l'Incarnation de l'amour. Personne au monde ne Lui est comparable. Gloire à Mère ! O Mère bien-aimée, Tu résides dans le cœur, Tu nous accordes la dévotion ! Victoire à la Reine de l'univers ! Victoire à la Mère de l'univers !

MAMGALA VARADĀ

Mamgala varadā gajānanā
samkata haraṇā śubhānanā
pārvati tanayā gajānanā
pāpa vimōchanam tava nāmam

O Ganesha, Toi qui rends tout favorable, Toi au visage d'éléphant, Tu mets fin à toutes les souffrances, O Toi qui es favorable. Fils de Parvati, Ton nom nous délivre de tous les péchés.

Mōdaka rasikā gajānanā
mōkṣa pradāyaka gajānanā
mōhana gātrā gajānanā
śōbhana charitā gajānanā

Tu aimes beaucoup les modakas (une sucrerie à base de riz, de noix de coco et de beurre fondu). O Ganesha, Tu accordes la libération ultime à ceux qui T'implorent. Tu brilles d'un éclat magnifique et Tes exploits sont glorieux.

Śānta svarūpā sukha sadanā
sānanta naṭanā sat charaṇā
siddhi vināyaka śrī charaṇā
śiddhir dadhātu dayānidhē

O Incarnation de la paix, Demeure du bonheur, danseur extatique, Tes pieds bénis sont le symbole de la vérité. O Vinayaka, Tu exerces des pouvoirs subtils, accorde-nous la perfection. Éternelle est Ta compassion.

MANAMIRUṆṬUVEN

Manamiruṇṭuven mānasamennapōl
varṣippū kaṇkalum mēghaṅgalum
pārine māri taṇuppikke kaṇṇunīr
mānasē tāpam valarttiṭunnu

Le ciel s'est assombri, comme mon esprit qui ressasse.
Les nuages, comme mes yeux, laissent tomber la pluie.
La douce ondée rafraîchit la terre, mais les larmes
ne font qu'attiser la flamme qui consume mon cœur.

Entāṇu śyāmē varāttatennantikē
entinī kāṭhinya bhāvam ammē
sadyaḥ prasādinī nīyennu kēṭṭata
satyamallennu varikayāṇō

Pourquoi tardes-Tu à apparaître devant moi,
O Déesse au teint sombre ? Pourquoi Ton cœur
est-il si dur envers moi ? On dit qu'il est facile
de Te satisfaire, mais ces paroles semblent fausses.

Artthikkunnilla aśassum kavitvavum
artthavum bhōga sukhaṅgalonnum
ammaye kāṇuvān arbhakanāśichāl
ammēyateṅgine kuttamākum

Je ne demande ni la gloire ni le don de l'écriture.
Je ne recherche ni la richesse, ni les plaisirs des sens.
Si un bébé désire voir sa Mère, est-ce là un crime ?

MANASĀ CHĒYI SMARAṆA

Manasā chēyi smaraṇa ammanu
hē mana chēyi smaraṇa ammā
smaraṇa chēyi manasā

O mon esprit, garde le souvenir de Mère.

Dēhaśuddhatā vākśuddhatā
manaḥ śuddhattā kāvālamṭē

Si tu désires la pureté du corps, de la parole et du cœur,
O mon esprit, rappelle-toi Mère !

Rāgadvēṣamu kāmakrōdhamu
sukhadukhamu dāṭālamṭē

Si tu veux transcender l'attachement, la haine,
la joie et la souffrance, O mon esprit, rappelle-toi Mère.

Manaḥśāntiyu samadṛṣṭiyu
buddhiśuddhiyu kāvālamṭē

Si tu aspires à la paix intérieure, à une vision équanime
et à un intellect pur, rappelle-toi Mère !

MANASSORU MĀYĀ

Manassoru māyā marīchika
atirezhātta marīchika
ariyātirikke nizhalpōltuṭarum
ariyumbōl verum marīchika
manassoru māyā marīchika

Le mental est un mirage illusoire, sans limite.
Quand nous n'avons pas conscience du mental,
il nous suit comme une ombre.
Quand nous en sommes conscients,
il n'est qu'un mirage.

Vṛthayuṇarttīṭum sukhamuṇarttīṭum
āyiram anubhavatika yuṇarttīṭum
viṣayamallēlum viṣayiyumallanām
ariyumbōl varu marīchika
manassoru māyā marīchika

C'est le mental qui est la cause de la souffrance, de la joie et de milliers d'expériences. Nous ne sommes pas les objets dont les sens font l'expérience, nous ne sommes pas non plus le sujet de l'expérience. Le mental n'est qu'un mirage.

Bhōga rasaṅgalil vīṇu naśikkum
tyāgatapagniyil nīri jvalikum
bandha vidhāyakam mōkṣasahāyam
ariyumbōl varu marīchika
manassoru māyā marīchika

Le mental, plongé dans les plaisirs du monde, les savoure. Il brûle dans le feu du renoncement. C'est lui qui nous lie, mais il est aussi le chemin qui mène droit à la libération. Le mental n'est qu'un mirage illusoire.

MĀṆIKKAKIṄKIṆI ĀRTHIA

Māṇikkakiṅkiṇi ārthia
āṇippon ārangal āṭiṭa
māṇiyām unnayē māvali
nāṇiyē enṭrumē pōṭrita

Mahabali lui-même, le roi-démon, honteux de sa puissance
limitée en comparaison de Ta gloire infinie,
Te vénère, O Seigneur. Tes jolis bracelets de cheville
et les colliers en or dont Tu es paré tintent délicatement
mais avec force.

Vārāy kaṇṇā vārāy
tārāy muttam tārāy

Viens, Kanna, viens, donne-moi un baiser.

Pañcavar dūtanāy śenṭravanē
nañcuṭai nākathai konṭravanē
pañchayar tuyaram tuṭaittavanē
añchiṭum avalam tīrttavanē

O Krishna, ambassadeur des Pandavas, Tu as tué
le serpent venimeux Kaliya. Tu as mis fin
aux immenses souffrances des Pandavas
et Tu as résolu les terribles difficultés
auxquelles ils étaient confrontés.

Āyarkulattinil tōnṭrivantāy
tāyar makhizhntiṭa āṭininṭrāy
vēyin kuzhalaye ūtivantāy
māyan isayinai pāṭivantāy

Né dans la famille d'un berger, Tu dansais
à la grande joie de Ta mère. Petit joueur de flûte,
roi de maya, Tu es venu en jouant de la flûte.

Ūnmaṇivāyināl pāṭīṭu nī
enmaṇivaṇṇane āṭiṭu nī
panmaṇi muttukal tantiṭu nī
en manakkōvilil taṅkiṭu nī

Chante avec Ta jolie bouche, O mon Manivarnna, danse.
Accorde-moi la prospérité et demeure dans le sanctuaire de mon cœur.

MĀNILĀTTĀYE

Mānilāttāye mādava
chelvi tālē tālēlō
manpadhai kākkum
ādiyām śakti tālē tālēlō

O Mère, Mère de la Terre, Trésor de Vishnu,
c'est Toi qui sauve l'humanité, O Puissance primordiale.

Pāṭiṭum pāṭṭil sērntiṭum
chuvayē tālē tālēlō
paramanin tuṇaiyē bhaktarin
uyirē tālē tālēlō

Tu es la douceur du chant qui s'exprime,
O Epouse de Shiva, Tu es la vie des dévots.

Vēlavan tāyāy mēdini
vantāy tālē tālēlō
śūlamē ēnti sukhattinai
tantāy tālē tālēlō

Mère du dieu Muruka, Tu es venue en ce monde.
Avec Ton trident, Tu as fait disparaître tous les ennuis
et Tu as donné le bonheur au monde.

Madhurayai ālum mīnākṣi
nīyē tālē tālēlō
marattinai pōkkum jñānākṣi
tāyē tālē tālēlō

Déesse Minakshi de la ville de Madurai,
Tu es dotée de l'œil de la sagesse,
Tu détruis notre ignorance.

Dēviyāy vantu pāvaṅgal
nīkkum mātā tālēlō
tēṭiṭum ullam nāṭiṭa
cheyvāy dēvi tālēlō

Tu viens à nous sous la forme de la Déesse,
Tu détruis tous nos péchés, pour ceux qui cherchent
la vérité intérieure, Tu es la source du bonheur.

Pārvayāl ennai kātriṭum
amṛtē tālē tālēlō
pārinil vanta ānanda
mayamē tālē tālēlō

Ton regard me sauve, O Toi l'Immortelle,
Incarnation de la béatitude, descends sur la Terre.

MAṆIVARṆṆAN VANNĪLA

Maṇivarṇṇan vannīla varadānam tannīla
manatāril vanamāli madhumāri peytīla
mānasam śilayākki rādhaye tanichākki
rāgavilōlan ineṅgu pōyi...ente
jīvita vēṇurāgam eṅgu pōyi

Krishna au teint d'émeraude n'est pas venu.
Il n'a pas répandu ses faveurs sur moi.

Vanamali n'a pas inondé mon cœur de nectar.
Son cœur est-il de pierre, pour qu'il laisse ainsi Radha languir, seule ? Où est-il allé, le petit joueur de flûte, Lui, la mélodie de mon âme, où est-Il parti?

Śrī kṛṣṇā jay kṛṣṇā gōvinda murārē (2x)
kṛṣṇā...gōvinda

Gloire à Krishna, le petit pâtre,
le Vainqueur des démons.

Vanavallikal pūtta varṇṇamayūkhaṅgal
yamunayilōlattil tulumbinilkkē
ñān ariyāte ente pūmaṇivīṇa tānē
pāṭunna bhāva gītam ārakku vēṇṭi

Les fleurs sauvages multicolores fraîchement épanouies dansent joyeusement, reflétées dans les vagues de la rivière Yamuna ;
ainsi, la vina de mon cœur joue spontanément ses mélodies tristes et languissantes, mais pour qui ?

Kalavēṇu madhugāna svaramāriyil mōha
mayilvṛndam mayilppīli kuṭanivartti
ilam tennalūyalāṭum karayile kadambaṅgal
ōrmmayilennumennil malar virichu

Sous la pluie des douces mélodies de la flûte, mon cœur a dansé comme un paon qui fait la roue. Les fleurs de kadamba hochent la tête dans la douce brise ; elles éveillent en moi mille souvenirs de Krishna.
(Le paon danse et se réjouit quand il pleut)

MAṆṆŌRKKUM VIṆṆŌRKKUM

Maṇṇōrkkum viṇṇōrkkum
kaṇṇāna kaṇṇanē
mankāta vilakkāy en
akattē vilankiṭu

O Kanna, Toi l'oeil des créatures terrestres et célestes, daigne briller en mon cœur comme une lumière qui ne faiblit jamais.

Uzhvinayai aruthiṭavē
maṇṇil vanta amutamē
turavu chuṭar vilakkamāka
vāzhntu kāṭṭum kumudamē

O Incarnation de l'ambroisie, Tu es venu briser la chaîne du mauvais destin. O Dieu aux yeux de lotus, Tu es toujours vivant sous la forme de la lumière brillante du renoncement.

Kuzhalūti gōkulathin ā
kulathai īrtha kannā
ākulathai tīrthu entan
vāzhvai punitamākkuvāy

O Kanna, la musique de Ta flûte divine a enchanté jusqu'aux vaches de Gokul. Daigne mettre fin à mes souffrances, fais que ma vie soit bénie.

Arakkarin kulam azhithu
aram valartta mannanē
arivu petru tāṭkal chērum
nāṭkal eṇṇi vāzhukirēn

O Roi, Tu as détruit les démons et restauré le dharma éternel,
je vivrai en comptant chaque jour tant que je n'aurai pas
obtenu la Connaissance impérissable,
tant que je ne serai pas uni à Tes pieds sacrés.

Gōpālā bālā gōpījana lōla
vṛndāvana bālā bhakta paripālā

O petit pâtre, Compagnon de jeu des gopis.
O Enfant de Vrindavan, Protecteur des dévots.

MĀYAIYENṬRA PĒYINAI

Māyaiyenṭra pēyinai ōṭṭiṭavum nam
manatil inbam chērttiṭavum
mamgala dēvataiyāka vantāl nam
maṭamaiyai ellām pōkkavantāl

Notre Mère est venue, Déesse qui rend tout favorable
et chasse le fantôme de l'illusion. Elle nous comble de bonheur.
Elle est venue détruire notre ignorance.

Ammā ammā enṭrazhaikkayile
akamum kulirndu pōkutammā
amṛtamozhikalai kēṭkayile
anaittum marantu pōkutammā

Quand j'appelle « Mère, Mère », mon mental
ressent une fraîcheur apaisante. Quand j'entends
les paroles immortelles de Mère, j'oublie tout.

Idayamām kōvilil kuṭiyēttrī
inbamāy gītam pāṭiṭuvōm
bandhamkal pōkkiṭum tāyavalin
pādam paṇindu vāzhthiṭuvōm

Installons Mère dans le temple du cœur
et chantons joyeusement. Abandonnons-nous
corps et âme à Mère, glorifions Celle qui brise tous les liens.

MĒRĪ DHAḌKAN TĒRĀ NĀM

Mērī dhaḍkan tērā nām
inmē antar kyā hē rām
sānsō kī yē dhārā tērī
har sāns bōlē jay śrī rām

O Ram, mon cœur bat au rythme de Ton nom sacré.
Chacune de mes respirations vient de Toi. Mon souffle
chante : « Gloire au Seigneur Ram »

Jay śrī rām jay śrī rām
jay jay jay jay jay śrī rām

Gloire à Sri Ram, gloire à Sri Ram

Man kē antaranga mē
tū hi muskurāyē rām
tērē divya prakāś sē
khil uṭhā hē man kā dhām

O Ram, Ton sourire seul règne dans le sanctuaire de mon cœur.
Dans la lumière de Ta présence divine, mon cœur s'est épanoui.

Pūrā viśva manca hē
tērī līlā kā hē rām
tērē pāvan hāthō sē
hō rahē hēsārē kām

O Ram, l'univers entier n'est qu'une scène de théâtre où se déroule Ton drame divin.
Toutes les actions sont accomplies par Tes mains pures.

MŌRĒ LĀGĒ

Mōrē lāgē naṭaka guru charaṇa na kī
charaṇa binā mujhē kachu nahi bhāvē
jhūṭha māyā saba sapanan kī

Mon cœur déborde d'amour pour les pieds de lotus du guru.
Je ne connais rien d'autre que les pieds du guru.
L'illusion du monde, tout cela n'est qu'un rêve.

Ōm guru mātā sat guru mātā amṛtānandamayī
jay guru mātā śrī guru mātā amṛtānandamayī

Gloire à Mata Amritanandamayi, le satguru.

Bhava sāgara saba sūka gayā hai
phikara nahi mujhē taraṇa na kī

L'océan de la transmigration est maintenant à sec ;
je n'ai donc plus peur de le traverser.

Mīrā kahē prabhu giridhāra nāgare
ulaṭa bhauyē mōrē nayanana kī

O Seigneur, Toi qui as soulevé la montagne Govardhana,
Mira est entrée dans un état d'extase divine.

MUJHKŌ KṢMĀ

Mujhkō kṣmā karō (2x)
mērē aparādhōm kō kṣmā karō

O Mère, pardonne-moi ! Daigne pardonner toutes mes erreurs.

Śaraṇa śaraṇa tērī charaṇa hī mā tērī
charaṇa rahē mērē man mē sadā
mālum nahī mujhē kaisē arpit hōnā
samjhāvō mērī mā tērī nalhī bachī kō

Je cherche refuge à Tes pieds, qui sont pour moi le seul sanctuaire.
Puissent Tes pieds sacrés demeurer toujours dans mon cœur.
Je ne sais pas comment m'abandonner. O ma Mère,
je T'en prie, montre le chemin à ce petit enfant.

Dayā karō kṛpā karō
rakṣā karō mērī karō

O Mère, accorde-moi Ta grâce et protège-moi.

MURALĪ DHARA SUNDARA

Muralī dhara sundara rūpam
hari chandana charchita gātram
yamunātaṭa kuñjavihāram
yadunāthām anamga samāmgam

O Seigneur à la forme enchanteresse, Toi qui tiens la flûte, Ton corps est doux et oint de pâte de santal. Seigneur des Yadus, Tu demeures près des rives de la Yamuna, Ton corps a la beauté du dieu de l'amour (Ananga, dieu de la luxure).

Śaraṇāgatavatsala hṛdayam
mṛduhāsa manōhara vadanam
karuṇā rasa pūrit nayanam
vanasūna vibhūṣita chikuram

Ton cœur déborde d'affection ; les dévots prennent refuge en Toi.
Un sourire doux et enchanteur illumine Ton visage.
Tes yeux débordent de compassion, des fleurs sauvages fraîchement épanouies ornent Tes cheveux.

Kamalāpari lālita charaṇam
gajarājavirajita gamanam
vrajagōpavadhū priya ramaṇam
raṇanirjita dānavanikaram

La Déesse Lakshmi masse Tes tendres pieds, Ta démarche est celle d'un éléphant puissant; Tu es le compagnon chéri des gopis de Vrindavan ; Tu as triomphé de tous les démons.

Śaraṇāgatapālana niratam
bhavasāgara tāraṇanipuṇam
paśupālaka bālakam aniśam
hṛdi bhāvaya bhāvaka varadam

Refuge éternel de ceux qui implorent Ta protection,
Tu nous fais traverser le vaste océan de la transmigration.
O petit pâtre, dans Ta compassion, Tu accordes des faveurs à Tes dévots.

MŪRŪKĀ MŪRŪKĀ VĒL MŪRŪKĀ

Mūrūkā mūrūkā vēl mūrūkā (4x)

O Muruka, fils de Shiva et de Parvati, Tu tiens le trident sacré.

Mūrūkā mūrūkā ena azhaittēn
munvinai yāvūm kalaindaṭuvāy
un ninai vatināl nittamūmē
urūkiṭūm ullam īnṭriṭuvāy nittam

Je T'appelle, « Muruka, Muruka ». O Muruka, daigne effacer les effets de mes mauvaises actions ; ils m'oppressent. Fais que mon cœur déborde du souvenir constant de Toi.

En manakkōvilil vīttriṭūvāy
eṇṇamkal annaittūm nīkkiṭūvāy
un tirūkkaramkalil aṭiyavanai
ātiṭūm pāvayāy māttriṭūvāy

Tu demeures dans le temple de mon cœur.
Je T'en prie, chasse toutes les pensées,
fais de moi une marionnette entre Tes mains divines.

Piravā varam tarūm pērazhakā
prāṇava porūlē mālmarukā
pizhaikal porūttū kāttiṭūvāy un
padamalartanil chērttiṭūvāy

Je T'en prie, divine Beauté, Toi qui accordes l'immortalité, Essence du mantra éternel Om, pardonne mes innombrables erreurs et mes mauvaises actions. Puissé-je atteindre le sanctuaire béni de Tes pieds.

Mūrūkā mūrūkā vēl mūrūkā (4x)
vēl mūrūkā...

O Muruka, fils de Shiva et de Parvati.

NĀM JAPANA KYŌM CHŌḌ

Nām japana kyōm chōḍ diyā
rām nām japana kyōm chōḍ diyā
krōdha na chōḍā jhūṭha na chōḍā
sat vachana kyōm chōḍ diyā

Pourquoi as-tu abandonné la répétition du Nom,
du Nom sacré de Rama ? Est-il sage de négliger ainsi
le mot éternel, au lieu d'abandonner la colère et le mensonge ?

Jhūṭhē jaga mē dīla lalachākara
asala ratana kyōm chōḍ diyā
kauḍī kō tō khūba sambālā
lāla ratana kyōm chōḍ diyā

Pourquoi as-tu délaissé le joyau du mental, autorisant
ce dernier à désirer les objets des sens ? Tu T'es préoccupé
avec grande attention de petits cailloux sans valeur ;
pourquoi as-tu oublié le corail rouge ?

Jinahī sumirana tē atisukha pāvēm
sō sumirana kyōm chōḍ diyā
khālasa ēka bhagavān bharōsē
tana mana dhana kyōm na chōḍ diyā

Le souvenir de la gloire du Seigneur nous permet d'obtenir le bonheur suprême.
Alors pourquoi as-tu renoncé au souvenir béni de Dieu ?
Il n'existe qu'un seul refuge : Dieu et la foi en Lui.
Alors pourquoi n'abandonnes-tu pas cet attachement
au corps, au mental et à l'intellect ?

NAMŌ NAMAḤ

Namō namaḥ namō namaḥ
ādi para śakti (4x)

Salutations au Pouvoir suprême et primordial.

Śrī mātā śrī mahārājñī
śrīmat simhāsanēśvarī
chidagnī kuṇḍa sambhūtā
dēvā kārya samudyatā

Mère de tous les êtres, Impératrice de l'univers, Souveraine montée sur un lion, née du feu de la pure Conscience, Tu soutiens toujours les forces divines.

Udyadbhānu sahasrābhā
caturbāhu samanvitā
rāga svarūpa pāśāḍhyā
krōdhā kārāṅkuśōjjvalā
manō rūpēkṣu kōdaṇḍā
pañcha tanmātra sāyaka
nijāruṇa prabhāpūra
majjad brahmāṇḍa maṇḍalā

Tu as l'éclat de milliers de soleils levant, Déesse aux quatre bras. Ta main gauche inférieure tient un noeud qui représente le pouvoir de l'amour. Ta main droite inférieure tient l'aiguillon de la colère pour contenir les forces du mal. Dans Ta main gauche supérieure, Tu tiens un arc en canne à sucre, qui représente le mental. Et Tu possèdes cinq flèches qui symbolisent les cinq éléments. L'univers entier baigne dans la splendeur rosée de Ta forme.

Ādi para śakti jay jay ādi para śakti

Gloire à la Puissance primordiale et suprême.

NAMŌ NAMASTĒ

Namō namastē mātā saraswati
amṛtamayī ānandamayī
namō namastē nāda śarīriṇi
hamsa vihāriṇi namō namaḥ

Salutations à Sarasvati, Déesse de la connaissance,
à la Déesse éternelle pleine de béatitude. Salutations
à l'Incarnation du son, dont le véhicule est un cygne.

Śvetām baradhara keśaghanāmṛta
patmālayarasa manōhari
praṇavamayī satchinmayarūpiṇi
jyōtirmayī tē namō namaḥ

Vêtue de blanc, Ta chevelure est noire et épaisse ;
Tu es assise sur le Lotus, Beauté suprême,
Essence du Om, Principe de la pure existence
Lumière divine, je Te salue.

Jñānamayī satgranthamayī śubha
sapta swaramayī namō namaḥ
vīṇā pāṇi suhāmayī mē
dēhi śivam tē namō namaḥ

Incarnation de la connaissance, Brahman éternel,
fondement des sept notes de la gamme, salutations à Toi.
Tu tiens la vina, Tu es parée d'un sourire enchanteur,
daigne m'accorder ce qui est éternel, je Te salue.

NANDAKUMĀRA VANDITARŪPA

Nandakumāra vanditarūpa vṛndāvanabāla mōhanamuralīgānavilōla gōpīhṛdayēśa. (rādhēśyām...)

O Fils de Nanda que tous vénèrent, petit garçon de Vrindavan, Tu joues sur la flûte de merveilleuses mélodies. Seigneur du cœur des gopis.

Dānavadaityavināśana mādhava
rāsavilōlupa dēvā
nāradatumburusēvitapāda
nārāyaṇa śaraṇam. (rādhēśyām...)

Tu anéantis les démons, Epoux de Lakshmi, O Être céleste, Tu T'adonnes à la danse de la rasa lila, Tes pieds méritent l'adoration des sages tels que Narada et Tumburu.

Janmajarāmṛti saṅkaṭa varjita
santatasukhakara śaurē
vividhābharaṇa vimaṇḍita gātra
vijitākhilahṛdaya. (rādhēśyām...)

O Krishna, Tu es libre des souffrances qu'engendrent la naissance, la vieillesse et la mort. O Petit-fils du roi Surasena, Toi qui donnes le bonheur, Ton corps est paré d'ornements variés ; Tu charmes tous les cœurs.

Bhavadaravāraṇa nagavaradhāraṇa
madahara murahara kṛṣṇa
bhāvābhāvavilakṣaṇamāyā-
jālavimōkṣaṇa bhagavan. (rādhēśyām...)

O Krishna, Tu nous aides à triompher des peurs que nous insuffle l'attachement au monde. Tu as soulevé la grande montagne (Govardhana).

Tu détruis l'orgueil et la luxure ; Tu as tué le démon Mura. O Seigneur,
Tu libères ceux qui sont prisonniers des rets de cette illusion qui n'est ni réelle ni irréelle.

Kālapatē kamalādhipatē
surapālapatē paśujālapatē
bhūmipatē bhuvanādhipatē jaya
sādhupatē sakalādhipatē. (nandakumāra)

Seigneur du temps, de Lakshmi, d'Indra, de tous les êtres vivants de l'univers ; Seigneur de notre Mère la Terre, Empereur du monde, gloire au Seigneur des sages, au Seigneur universel !

NEÑJAM NIRAINTAVANĒ

Neñjam niraintavanē aṇṇāmalayānē
vañciyōr bhāgam koṇṭa dēvanē
śivanē nī eṅkē śivanē nī eṅkē śivanē nī eṅkē

Toi qui habites dans le cœur, Tu résides à Arunachala, O Seigneur dont l'autre moitié est Dévi, où es-Tu, O Shiva, où es-Tu ?

Tañjam un malarppādam aṇṇāmalayānē
mañju tuñjum malai ānavanē

Tes pieds de lotus sont notre seul refuge,
Toi qui résides à Arunachala. Tu es
haute montagne Kailas, aux neiges éternelles.

Kaṭal nañju uṇṭavanē aṇṇāmalayānē
kātrāki nīrāki analum ānavanē

Tu as consommé le poison qui jaillit lors du barattage de l'océan par les dieux. Tu résides à Arunachala.
Les éléments tels que l'air, l'eau et le feu sont Toi.

Piṭṭukka maṇ chumanda aṇṇāmalayānē
pirambaṭi tanaiyum ēttravane

Tu as charrié des paniers de terre pour obtenir
des galettes de riz, Tu résides à Arunachala,
Tu as reçu des coups de bâton pour l'amour des dévots.

Tiripuram erittavane aṇṇāmalayānē
dīpa oliyāy chuṭarviṭum śivappazhamē

Du feu a jailli de Ton troisième œil, Tu as détruit les trois cités,
Tu résides à Arunachala, Tu es la lumière des lampes de
Kartika, O Shiva, où es-Tu ?

Gamgayai darittavane aṇṇāmalayānē
kaṇṭavar mayaṅgum aruṭpperum jyotiye

Tu portes le Gange sur la tête, Tu résides à Arunachala.
Tous ceux qui Te voient sont ravis O Lumière divine.

NĒTRAṄGALĒ NIṄGAL

Nētraṅgalē niṅgal nēril darśikkuvin
nīraja śyāmala nīla kalebaram
nāsāpuṭaṅgale niṅgal śrīkṛṣṇente
kālttāmarapūmaṇam nukarnnīṭukin

O mes yeux, vous voyez la forme réelle de Krishna avec Ses
boucles brunes. O mon nez, tu sens le doux parfum de Ses
pieds de lotus.

Ṣrōtraṅgale niṅgal ōrkkuvin gōpālā
bālanente vēṇu gānālāpa nisvanam
jīvanōddhāramānāda bījāmṛtam
nāvē svadichālumārtti tīrum varē

O mes oreilles, vous entendez encore la musique enchanteresse du petit pâtre jouant de Sa flûte. O ma langue, savoure la répétition de Son nom ; c'est la graine de nectar qui fait accéder notre vie à la perfection et à la plénitude.

Nādānta tīram pravēśikkumātmāvil
omkārabījam muzhaṅgaṭṭe maunamāy
bhāva bhāvātīta bōdha prapañchamā
lāvaṇya lāsyattilāzhaṭṭe sāndramāy

Une fois franchi l'océan du mental, nous atteignons la rive et entrons dans notre Soi profond. Là, le son Om résonne dans le silence. La Conscience universelle manifestée et non manifestée repose sereinement dans Sa propre beauté.

NEYYAPANTAM YĒTRIYA DĪPAM

Neyyapantam yētriya dīpam kaṇdāl
poybandham arupaṭumē idayēśvarī
meibandham nī ēnnum mēnmai koṇdāl
kaibandham kaividumē śivaśankarī

O Déesse de mon cœur, tous les faux attachements tombent d'eux-mêmes dès que j'aperçois la lampe allumée pour Toi avec du ghee. Les chaînes qui me lient au monde se brisent quand je me rappelle que Tu es ma seule et vraie famille.

Ādi guru ānavalē idayēśvarī
ulagellām śivamayam tān śivaśankarī
jyōti rūpa darśanamum idayēśvarī
chollоṇṇā śānti tarum śivaśankarī

Déesse de mon cœur, Tu es le premier guru. Shivashankari, tout en ce monde, n'est que Shiva. Celui qui obtient Ta vision sous la forme de lumière connaît la paix suprême.

Guru vadivam tānki vantāy idayēśvarī
kuvalayattil telivu tantāy śivaśankarī
tiru vadivum guru vadivum idayēśvarī
arul vadivil ondrāgum śivaśankarī

Déesse de mon cœur, Tu es venue sous la forme du guru, apportant au monde la clarté. Shivashankari, la forme de Dieu et celle du guru se fondent en Ta grâce.

Satguruvē enum śollai idayēśvarī
cheppināl nalam perukum śivaśankarī
śivanāmam anudinamum idayēśvarī
chintikka śivapadam tān śivaśankarī

Déesse de mon cœur, lorsqu'on répète le mot satguru, il en résulte des bienfaits immenses. Shivashankari, quand on psalmodie quotidiennement le nom de Shiva, cela permet d'atteindre l'état de Shiva (i.e. la libération)

NĪLA NĪLA MĒGHA VARṆṆĀ

Nīla nīla mēgha varṇṇā nī varillayō
kuzhalūtiyūti āṭi āṭi nī varillayō
svaramāy layamāy matilayamāy
en maunavīṇa tantri pulki
atiloru rāgadhārayāyuṇarnnu
svaralaya bhāvagāna yamunayāyi
ozhuki varū varū

O Toi qui as la couleur des sombres nuages bleus, viendras-Tu jouer de Ta flûte et danser ? Répondras-Tu aux cordes silencieuses de ma vina, éveillant en elles le son, la mélodie et le rythme ? Viens, flot de musique divine, joue et danse,

Toi qui nous enchantes. Viens sous la forme d'un rêve, d'un souvenir, d'une musique inspirée.

Ī manōhara tīraminnum snēhanirbharam
nī pāṭi nirttiyorīṇaminnum bhāvanirbharam
pozhiyu sarasam svaramāriyāyi
nī snēha rāga madhuramāy
kala kala vēṇu gāna lahariyāy
vanapathamāke lāsya naṭanamāṭi
tazhuki varū varū

Ces berges splendides résonnent d'amour.
Le chant de Ta composition est d'inspiration divine.
Viens, musique exquise de la pluie, douceur
du chant d'amour, extase de la mélodie de Ta flûte.
Viens à nous en dansant avec grâce dans la forêt.

Prēma gāyakanennum nī snēhavāṭiyil
tēn vēṇugānam pāṭiyōmal chōṭuvachiṭum
kanavāy ninavāy nava svanamāy
ī kāvyalōla mānasattil
telimaya tārasundarābha tūki
madhurasa rāgatāla bhāvalahari
vitari varū varū

O Ménestrel d'amour, quand danseras-Tu
dans ce jardin d'amour sur la musique de Ta flûte ?
Viens sous la forme d'un rêve, d'un souvenir,
d'un son nouveau et doux ; viens répandre en ce cœur
les chants, la musique, le rythme et l'extase de l'amour divin.

NIN MUKHAM KĀṆUMBŌL

Nin mukham kāṇumbōl enmanam telikayay
kaṇṇinu kaṇṇāyorammē
manakkaṇṇinu kaṇṇāyorammē
nin karavalliyālonnu talōṭumbōl
alakaluyarnnīṭunnu śāntitan
alakaluyarnnīṭunnu

O ma Mère bien-aimée, mon esprit s'éclaire quand je vois Ton visage.
Quand Tu me caresses de Tes douces mains, des vagues de paix m'envahissent, venues du plus profond de moi-même.

Etra janmaṅgalāy yātra cheytinnu ṅān
nin savidhattilaṇaṅṅū
tṛppāda tīrthamaniṅṅū
alayātiniyum evanē dēvi
padataliril chērkkū sadayam
abhayam nīyēkū

Après un voyage qui a duré d'innombrables vies, je T'ai trouvée, j'ai atteint Tes pieds sacrés. Ne me laisse plus errer de nouveau, Mère. Fais que Ton fils repose à Tes pieds sacrés. Sois miséricordieuse et accorde-moi refuge.

Karmmatrayaṅgalāl poliyumī jīvitam
karmmaphalam tarum ninakku nalkī
līlānāṭaka ramgam vidhāyinī
aṭi patarunnu ī jīvitasandhyayil
abhayam nalkū nin sēvana charyayil

Toi qui distribue les fruits de nos actes, je Te fais don de cette vie faite d'actions. Mes pas chancèlent, me voilà au crépuscule de ma vie, daigne m'accorder refuge à Tes côtés, à Ton service.

NINṬRA TIRUKKŌLAM KAṆṬĒN

Ninṭra tirukkōlam kaṇṭēn
nirai tiruppādam kaṇṭēn
anṭralarnda malarai pōla
akam kulirum chirippaikkaṇṭēn

J'ai vu Ta forme devant moi, debout,
Tes pieds adorables et sacrés. Je T'ai vue rire
comme une fleur tout juste épanouie qui rafraîchit le cœur.

Uṇṇa nān uṇaveṭuttāl - un
mukham tān atilum kaṇṭēn
enna nān ninaitta pōtum
en amma unai kaṇṭēn

Même quand je m'apprête à manger,
Ton visage apparaît dans la nourriture.
Où qu'aillent mes pensées, c'est Toi seule que je vois.

Ilaikal asainda pōtum - un
iru vizhikal azhaikka kaṇṭēn
mazhaitulikal vizhunda pōtum - un
manakkaruṇai vellam kaṇṭēn

Si les feuilles volent au vent, il me semble que Tes deux yeux
m'appellent. S'il pleut, ce sont pour moi les gouttes de Ta
compassion qui tombent ainsi.

Alaikal aṭikka kaṇṭēn
avai karaikul aṭaṅka kaṇṭēn
ārpparikkum entan manamum
annai anpil aṭaṅka kaṇṭēn

J'ai vu les vagues fouetter le rivage puis se retirer ;
ainsi, l'agitation de mon mental disparaît
dans l'amour de ma Mère.

ŌM BHADRA KĀLI ŚRĪ BHADRA KĀLI

Ōm bhadra kāli śrī bhadra kāli
jaya bhadra kāli namō namaḥ

Gloire à Bhadra Kali

Kāli kāli kāli kāli
Prēma sāgari śyāma sundari
bhakti dāyini mukti dāyini

Océan d'amour divin, Beauté au teint noir,
Tu accordes la dévotion et la libération.

Mātru rūpiṇi prēma rūpiṇi
jay jaga vandini jay jagadīśvarī

Incarnation de la Mère, Incarnation de l'Amour,
le monde entier se prosterne devant Toi.
Gloire à la Déesse du monde.

ŌMKĀRA DIVYA PORŪLĒ – 14

Ōmkāra divya porūlē varū
ōmana makkalē vēgam
ōmanayāy valar nāmayaṅgal nīkki
ōmkāra vastuvāy tīru

Venez vite Mes enfants chéris ; vous êtes l'essence du Om.
Effaçant toute souffrance, devenez dignes d'adoration
et unissez-vous à la syllabe sacrée Om.

Munnile satguru rūpam ullil
minnunnorātma pratīkam

satguru pādattil chittam ramikukil
attalum baddhalum tīrum

La forme extérieure du guru est en réalité un symbole du Soi qui brille en nous. Lorsque notre mental demeurera absorbé dans la contemplation des pieds sacrés du satguru, toutes les souffrances et les difficultés prendront fin.

Mārggam pizhachennu vannāl pinne
lakṣyam pizhaykkāneluppam
mārggalakṣyaṅgal maraññu ninnālasyam
ālunnu lōkayuvatvam

Celui qui s'égare manque aisément le but. La jeunesse du monde, ayant oublié et la voie et le but, a sombré dans l'indolence.

Ñān ñānitennōtumārum nēril
ñānā ratārāyvatilla
kālamkozhiyumbōl kōlam poliyumbōl
arōru vārenna satyam

Chacun dit « je, je » mais personne ne se demande ce qu'est réellement ce « je ». Quand le temps est écoulé et que le corps physique est sur le point de s'effondrer, qui peut alors connaître sa véritable identité ?

Svanta dehattil madikum martyan
antakārattil patikum
antakan tīkkaṇṇaruṭṭi mizhikkavē
bandaṅgal ventatu vīzhum

Qui s'enorgueillit de son corps sombre dans les ténèbres. Quand le dieu de la mort ouvre son œil de feu, tous les liens humains sont réduits en cendres.

Poṭṭum poṭiyum perukki naṣṭa
śiṣṭaṅgal tiṭṭa peṭumbōl
satkarmma śudhamām samskāra chittaṅgal
ñaṭṭunnu dharmmakṣayattil

Lorsque de nobles esprits, sanctifiés par de bonnes actions,
font l'inventaire du monde qui les entoure,
ils sont atterrés par le déclin rapide de la vertu.

Kāchi kurukkiya paimbāl klāvu
pātrattil vachāl duṣikum
śuddhīkari kkātta chittil niraykunna
vidyayum vidrōha mākum

Le lait, même s'il est pur et bouilli, tourne si on le verse
dans un récipient sale. Ainsi, la connaissance
versée dans un esprit impur devient nuisible.

Viṭṭu mārīṭilla narttham manam
keṭṭa mārggattil charichāl
rāgarōgaṅgal madikunnachittattil
vērōṭukillātma śānti

Lorsque le mental suit les mauvais chemins,
il n'y a pas de fin au malheur. La paix du Soi
ne prend pas racine dans un esprit hanté par le désir
et les autres maux engendrés par le matérialisme.

Chitta mālinya makannāl hṛittil
advaita sūyanudikum
bhakti pāthassu koṇṭulam kulirpichu
nitya sāyujyam varikū

Quand le mental est lavé de ses impuretés, la lumière de la
sagesse sans dualité y brille. Purifiez votre cœur avec l'eau de la
dévotion et accédez ainsi à l'union éternelle avec le Suprême.

Siddhānta lōkattumātram sthiram
varttikkānāvillorālkum
karttavya śuddhiyum arppaṇa bōdhavum
lakṣhya siddhi kābhikāmyam

Nul ne peut rester ferme dans un monde gouverné uniquement par une doctrine spirituelle qui reste au niveau purement intellectuel. La pureté de l'intention et une attitude d'abandon à Dieu sont nécessaires pour atteindre le But.

Chittatār mellevitarnnal svayam
satya pīyūṣam turakum
satguru pādattil sarvam samarpichu
nitya sukhattil ramiku

Ouvrez doucement la fleur de votre cœur et remplissez-la du nectar de la Vérité ! Abandonnez tout aux pieds du guru et délectez-vous de la Vérité éternelle !

Mānava dharmmam ōrāykil manam
hīnam mṛgattine kālum
kāṭāṇu pinne nām kāṇmatellāṭavum
kērikkayarkam ārōṭum

Si notre mental n'assimile pas les vertus qui font de nous des êtres humains, il deviendra plus cruel que le mental d'un animal. Partout où se posera notre regard, nous ne verrons que la jungle, nous serons prêts à nous battre avec n'importe qui.

Svantam nizhalōṭu pōlum mṛgam
krōdhichilarikutikum
ghōrakāntāramāy mārum manassine
kāṭaruttārāmam ākū

Un animal bondit sur son ombre en rugissant de colère ! Mes enfants, abattez la jungle remplie de bêtes féroces qui occupe votre mental et faites-en un jardin !

Nālañchu nāl kōṇṭārālkum dharmma
śilam talirkkilla tanne
pārātecheytunām śīlicha śīlaṅgal
mārāneluppam allōrkū

Ce n'est pas en quatre ou cinq jours que l'on développe un caractère vertueux. Rappelez-vous qu'il n'est pas facile de changer les mauvais plis que nous avons pris sans y prendre garde.

Lābha pratīkṣayil mātram śraddha
tuvunnu tāzhunnu chēttil
nilkkān karuttilla kaikāluraykkilla
ettippiṭikunnu mānam

Le profit, voilà tout ce qui nous importe, et nous nous enfonçons ainsi toujours plus profondément dans la boue ! Incapables de nous lever et de nous tenir fermement debout, nous essayons pourtant d'atteindre le ciel !

Svārthābhilāṣattoṭoppam tyāga
bōdhavum chērnnu pōvilla
atyanta śaityavum atyuṣṇavum tammil
aikyattil varttikkayilla

Les désirs égoïstes et le renoncement sont incompatibles. La chaleur extrême et le froid extrême ne peuvent pas régner en un même lieu.

Mānava lōka svabhāvam kānka
mātsarya buddhikka dhīnam
nōkkilum vākkilum tīkkanalālunnu
terttaṭṭorukunnu krōdham

Sachez que la jalousie a de l'emprise sur la nature humaine. Des braises ardentes brûlent dans les regards et les paroles d'un être humain. La colère couve à l'intérieur d'un homme juqu'à ce qu'il explose.

Sāmūhya nanmakkiṇakki vyakti
jīvitam samphullamākū
hṛttil vidvēṣavum vākkiladvaitavum
śuddha kāpaṭhyamennōrkū

Faites en sortes que votre vie s'épanouisse en l'offrant pour le bien du monde. Avoir sur les lèvres les principes de la non-dualité tout en gardant du mépris dans son cœur est le summum de la tromperie et de l'hypocrisie.

Svat chandam syōtassu pōle sadā
nirgalichīṭaṭṭe snēham
nalkān kazhiyātta tonnum labhikkilla
eṅgum vitachatēkoyū

Que l'amour coule spontanément, comme une source. Nous ne recevons rien que nous n'ayons donné. Nous récoltons uniquement ce que nous avons semé.

Snēhippatin mānadandham svārtha
lābha pratīkṣayallōrkū
kollal koṭukkalallātma saurabhyamā
ṇulppūviriññazhum snēham

Rappelez-vous que l'amour n'est pas fondé sur l'attente de quoi que ce soit en retour. L'amour n'est pas une forme de troc. L'amour qui vient de la fleur du cœur est le parfum de notre Soi réel.

Nalkuvān onnomillēlum saumya
vākkānnuraykkān kazhiññāl
anyarkkatāśvāsam ēkum dayāmayar
kīśan tannal nalkum ennum

Si vous n'avez rien d'autre à donner, dites une bonne parole, une parole qui réconforte. Le Seigneur protègera toujours ceux qui ont de la compassion.

Snēhattāl krōdham keṭṭuttām tellum
krōdhattāl krōdham keṭilla
tī koṇṭa tī keṭillālippaṭarnniṭum
nīrvīzhtti vēṇam keṭuttān

L'amour seul peut apaiser la colère, la colère en est incapable.
Le feu n'éteint pas le feu, l'incendie ne fera que se propager.
Pour juguler les flammes, il faut verser de l'eau.

Arṣamanassinte mantram ātma
maitritan śamkholi pakṣe
adarśahīnamām asuraśaktikka
tātmāvulaykum ninādam

Le mantra du sage de jadis est l'appel de l'amour, qui sonne comme un bugle. Mais ce même son fait trembler le cœur des forces démoniaques, dépourvues de principes.

Yuddham jayikkāneluppam manō
yuddham jayikkān prayāsam
samyamam śāntidam eṅkilum nirddaya
śaktitan nērkatu vajraṁ

Il est facile de gagner une bataille extérieure, mais difficile de sortir triomphant des luttes qui se déroulent dans le mental. Le contrôle de soi procure la paix, mais face à des forces dépourvues de pitié, il devient une arme terrible.

Āśissarulunna nāvāl śāpa
vākyaṅgalōtilla pakṣe
garvitō chīrṣatte mānikkayilla nām
prānan ṇarambil uṭikke

La langue qui prononce des paroles de bénédiction s'abstient généralement de maudire. Tant qu'il subsiste un souffle de vie dans notre corps, nous n'inclinons pas la tête que, par orgueil, nous tenons bien haute.

Mandākinīnadam pōle mantra
sāndramīyārṣa hṛdantam
pāpanāśatti nī pārinte makkalku
bhāvukānugrahatīram

Le cœur de notre antique pays est imprégné du nom divin, comme les rives du Gange sacré sont imprégnées de divinité. Aux gens du monde entier, il offre la promesse de les délivrer de leurs péchés.

Lōka vibhūtikal nēṭām bhōga
lālasarāmyaru tārum
iṣṭa vastukkalōṭoṭṭi ninnulkkalum
niṣprabhamākkaru tārum

Il est permis d'acquérir des richesses, mais ne vous livrez pas sans retenue aux plaisirs du monde. N'éteignez pas la lumière de votre cœur en étant trop attachés aux objets des sens.

Svapnaṅgal mithyayennālum svapna
kālattu satyamāytōnnum
kāṇunnatellāma nityamennākilum
kāṇunnanērattu satyam

Les rêves n'ont pas de réalité, mais lorsque nous sommes dans le rêve, ils paraissent réels.
Tout ce que nous voyons est irréel mais semble réel à nos sens.

Ārtta janakṣēma karmmam svantam
kīrttiku vēṇṭiyākāte
karttavyamāy kaṇṭa nuṣṭhikkaṇam mukti
sidhikka tuttama mārggam

Le travail effectué pour soulager la souffrance d'autrui ne doit jamais avoir pour but d'accroître notre renommée personnelle. Considérez le service désintéressé comme un devoir, il deviendra alors la voie royale vers la libération.

Snēhōṣmalam sāra vākum tyāga
bhāvōjvalam lōla hṛttum
sāmuhyananmaykku nēdicha jīvita
bhāvanāśuddhiyum kāmyam

Des paroles chaleureuses qui portent conseil et vibrent d'amour, un cœur tendre, embrasé par l'esprit de sacrifice, une existence vouée au bien de la société et par là-même sanctifiée, voilà ce que nous devrions désirer.

Bhāvātmakam mānavaikyam hṛttil
ātmīya śānti varṣikē
nōkilum vākkilum mātram allādrata
vāykum pravṛttiyilellām

Quand l'unité de tous les hommes devient l'expérience du cœur, celui-ci est rempli de paix. Nos paroles, nos regards, toutes nos actions rayonnent alors de la beauté et de la joie qui jaillissent de la compassion.

Anpezhātulla manassu cēttil
aṇṭukiṭakunna bhēgam
tyāgam sahikān karuttezhātulavar
kkārukalpikum mahatvam

Un cœur sans amour est comme une grenouille vautrée dans la boue. Celui qui n'a pas la force de faire le moindre sacrifice, qui pourrait le qualifier de noble ?

Snēham svakārya svattalla hṛttil
sāra samajjasa śakti
nirggalichīṭaṇam eṅgumanagalam
keṭṭininnāl keṭṭupōkum

L'amour n'est la propriété de personne.
Il est la puissance qui relie les cœurs et doit couler librement.
S'il stagne à l'intérieur, il meurt.

Pūmaṇam pērippulachu kulir
korittarikunna kāttāy
bhaktipīyūśam nukarnnāttu saurabham
chuttum parattuvin makkal

Mes enfants, buvez le nectar de la dévotion
et répandez le parfum du Soi. Soyez comme la brise
que les parfums floraux qu'elle diffuse ravissent
et qui partout apporte fraîcheur et fragrance.

Vyaktiyil bandhichitāte śraddha
sattayil bandhikka makal
buddhi māndyam koṇṭu vyakti bandhaṅgalil
sattaye bandhichiṭolle

Mes enfants, sachez que l'attachement pour d'autres personnes n'a aucune valeur. Attachez-vous uniquement à l'Essence. Par ignorance, ne forgez pas vos propres chaînes en vous attachant à autrui.

Dharmma sārārtham grahikkān nūru
grantham paratēṅda makal
svantam manassinte kaṇṇāṭiyil nōkki
entum grahikkān paṭhikū

Inutile de lire une centaine de livres pour saisir
l'essence d'une vie juste. Apprenez en regardant
dans le miroir de votre mental.

Naśvara bhōgam kotichāl ārum
akṣara sāram grahikkā
klēśichunēṭēṅgatīśvara ajñānamān
āvaradanam varēṇyam

Celui qui recherche les plaisirs éphémères ne peut saisir la Vérité éternelle. Efforcez-vous de connaître Dieu, c'est le bien suprême.

Ujjvalippikuvin makkal hṛttil
advaita śānti chaitanyam
mōkṣattinum sarvanāśattinum hētu
chētassil bhāvāntaraṅgal

Que règne dans votre cœur la paix qui jaillit de la conscience de la non-dualité. Ce sont les dispositions de notre cœur qui nous mènent vers le salut ou vers la ruine totale.

Kaṇṇalla kāṇunnatonum kēlkum
kātalla kēlkunna tonnum
kāzhchayum kēzhviyum nalkunna śakti tan
ātma chaitanya prakāśam

Ce n'est pas l'œil qui voit ni l'oreille qui entend.
La puissance qui nous permet de voir et d'entendre,
c'est le Soi radieux qui est en nous.

Munpē kutikunu mōham mṛtyam
pinpēyaṭukunnu ghōram
āyussoṭuṅgunna torāte bhōgaṅgal
aśichu nētannu śōkam

Le désir bondit en avant mais la mort nous rattrape par derrière. L'homme courtise le chagrin en recherchant les plaisirs, sans prendre garde au fait que la vie, comme la marée, se retire.

Dharmmātma kāmaṅgalellām lakṣya
mūnnunnatātmaikya lābham
kāmārtha mātra prasakkarāyāl phalam
śōkāntakāramā ṇārkum

Les buts reconnus par la tradition tels que la richesse (artha), le plaisir (kama) et la droiture (dharma) sont faits pour nous mener au quatrième but de la vie, le salut (moksha). Si nous nous contentons de jouir, nous ne récolterons que les ténèbres de la souffrance.

Karmmaṅgal pūjaychāy kaṇḍāl phalam
pūjā prasādamāy tirum
jīvitam yajñamāy māttum vivēkikal
nēṭum puruṣārtha lābham

Si nous offrons toutes nos actions à Dieu, comme un rituel d'adoration (puja), le fruit de ces actes devient offrande sanctifiée que l'on peut consommer (prasad). Le sage qui fait de sa vie une offrande sacrificielle (yajna) atteint le but.

Manniṭam mānichiṭāte svargga
sannidhi tēṭunnu kaṣṭam
muṭṭitturakkēṇṭavātilariyāte
muṭṭiyālāruturakam

Hélas, l'Homme cherche le Ciel sans offrir son respect à la vie ici-bas, sur terre. Si nous ignorons à quelle porte frapper, qui nous ouvrira ?

Ōrātirikkavē daivam ēre
dūre yāṇennorttu pōkum
ōrukil chārattā ṇānandasāram tan
chētasil chaitanya dhāmam

Dans notre ignorance, nous imaginons que le Seigneur est très loin de nous. Lorsque nous obtiendrons la Connaissance, nous verrons qu'Il est proche. Il est l'Essence de la béatitude, le Soi qui réside dans notre cœur.

Īśvara prēmattin munnil vyakti
snēhaṅgalellām nissāram
kuññinotammaykkezhunna snēhattilum
nirmmala māṇatin bhāvam

Comparé à l'amour que Dieu nous porte, l'amour humain est insignifiant. L'amour de Dieu est plus pur que l'amour d'une mère pour son enfant.

Tēṭuvin makkalē niṅgal satya
lōkam svayam svanta hṛttil
pāṭuvin makkalē daiva saṅkīrttanam
nēṭukā pādāravindam

Mes enfants, cherchez le royaume de la Vérité dans votre cœur !
Répétez le Nom divin et cherchez les pieds de lotus du Seigneur !

Arppitacētasilennum sargga
raśmikal narttanam cheyyum
vyaktatayārnniṭum jīvita rathya
pinnīśvara prēmābhiṣēkam

Les rayons de la lumière divine dansent dans le cœur
qui s'est totalement abandonné à Dieu et illuminent
le chemin de la vie. Un tel cœur déborde d'amour divin.

ŌM NAMŌ NAMAḤ ŚIVĀYA

Ōm namō namaḥ śivāya (4x)

Je m'incline devant le Seigneur Shiva

Sarvva mantra yantra mūrtti
ādi śrī gurō namaḥ
tṛppādāmbujam tozhunnu
sarvvamamgalattināy

Je me prosterne devant le Seigneur de tous les mantras et de tous les yantras, devant le premier de la lignée des gurus.
Je m'incline à Tes pieds de lotus, la demeure de tout ce qui est propice.

Ādhi vyādhināśanam
sudhāmayam chinmayā

klēśabharita jīvitattil
ēkunī kṛpādhanam

Seigneur, dans cette vie pleine de souffrance,
accorde-moi le trésor de Ta compassion,
le nectar qui disperse les ténèbres et éloigne la maladie.

Kāmadam mōkṣadam
sarvvasiddhi dāyakam
bhavakāraṇa mṛtikāraṇa
tanumbōdhamakattaṇam

Exauce mon désir, accorde-moi la libération et tous les siddhis (pouvoirs occultes). Délivre-moi de la conscience du corps, cause des souffrances du samsara.

Saprabham asamga
satchidānandam advayam
ahamitennurachasvānu
bhutiyāṇannugraham

L'expérience directe « Je suis le Soi lumineux » (asamga), satchidananda, voilà la bénédiction que j'implore.

Śiva śiva śiva (3x) śaṇkara
hara hara hara (3x) abhayamkara
śiva śiva śiva śankara pārvati paramēśvarā

O Toi qui donnes refuge, Shiva et Parvati, Seigneur suprême.

ORU MANDIRAM ARIYA

Oru mandiram ariya tiru mandiram
śaravaṇa bhava eṇum aru mandiram
ata tantiṭum palanil sukham kaṇṭiṭum
gati vandiṭum nalla vazhi tōnṭiṭum

Le mantra « Sharavana Bhava » (Seigneur Subramanyan) est un mantra rare. Il apporte le bonheur durable, il nous permet d'accéder à des états de conscience supérieurs et nous ouvre une voie propice.

Alaikinṭra manatarkku amaitiyai tantiṭum
anaivarkkum potuvākum arumandiram
nōvukku maruntāki nontārkka tuṇayāki
nāvukkul ninṭrāṭi nalam śērttiṭum

Véritable baume, ce mantra divin apporte la paix aux cœurs anxieux. Il est le seul refuge de ceux qui souffrent. Ceux qui récitent ce mantra en retirent de grands bienfaits.

Piravippiṇitīra pillaikku maruntīyum
perumān nī emkalatu perumaruttuvan
turavi ēnum kōlattum tūya piravaṭivattum
tunbankal nīmkīṭa tuṇai vandiṭum

O Seigneur, Tu es le grand médecin qui donne des remèdes à la maladie du cycle des naissances et des morts. Ton mantra seul aide les moines (sannyasis) et les laïques à surmonter leur souffrance.

Vēl vēl murukā vetri vēl murukā
śakti vēl murukā jñāna vēl murukā

O Muruka, Toi qui tiens une lance, Tu es la Personification de l'énergie divine et de la connaissance éternelle.

ORU MANDIRAM ATA

Oru mandiram ata tirumandiram
ōm amṛtēśvaryai namaḥ enum mandiram

Le grand mantra « Om Amriteshwaryai namah » est saint, il est sacré.

Atai eṇṇuvōr neñcam sukham kaṇṭitum
gati vandiṭum nal vazhi tōnṭriṭum

Quiconque médite sur ce mantra voit son cœur se remplir de joieet il ressent l'appel de la spiritualité.

Piravippiṇi tīrkka pillaikka marundīvāy
pēdai enaikkākka viraintōṭi vārāy
nōvukka marundānāy nōndārkka tuṇaiyānāy
nāyēnukkanaittum nalkiṭum tāyānāy

O Mère, donne-moi l'antidote qui me guérira de ce cycle des naissances et des morts ; viens vite sauver cet enfant ignorant, Ton enfant.
Tu es le remède à toutes les maladies et le refuge des cœurs brisés.
Tu es la Mère qui me bénit en abondance de tout ce qui est bon.

Ōrāyiram nāmam ōrāyiram - manam
ōyāmal tuti pāṭum un gītam

O Mère, Tu as des milliers de noms.
Puisse mon esprit célébrer Ta gloire à jamais.

Nondiṭum enaittēṭra tāmadam eni ēnō
sondamena azhaittēn tāyē manam kanivāy
kaṭaikkaṇ pāramma kavalaikal tīrammā
aṭaikkalam enṭrum un tiruppādam ammā

Pourquoi hésites-Tu à consoler cet enfant qui souffre ?
Je T'appelle, en ce monde Tu es ma seule famille.
Ton cœur ne fond-t-il pas à mon appel ? Jette-moi un regard,
O Mère, et détruis les obstacles. Tes pieds sacrés
sont mon seul réconfort et mon seul soutien.

Ōrāyiram nāmam ōrāyiram - manam
ōyāmal tuti pāṭum un gītam

O Mère, Tu as des milliers et des milliers de noms.
Puisse mon esprit célébrer Ta gloire à jamais.

Amṛtānandamayī abhayapradāyini
akhilāṇḍēśvarī ānandarūpiṇi

Incarnation de la béatitude immortelle, Toi qui accordes Ta protection,
Déesse de l'univers, dont la forme est béatitude.

ORU MŌHAMINNITĀ

Oru mōhaminnitā ammē
eriyunnennullil aniśam
oru mātram nīyennilammē
kanivin mizhittellaṇaykkū

O Mère, un désir ardent me consume : tourneras-Tu vers moi,
fût-ce un seul instant, Ton regard compatissant ?

Parayuvān āvatill ammē - tellum
nirayunnu vēdana mātram
arivilla pātayum munnil - itā
irularnnu sandhya yiṅgetti

Il est impossible de décrire fût-ce une infime partie
de la souffrance que je traverse. J'ignore ce qui m'attend,
c'est le crépuscule et le ciel s'obscurcit.

Piṭayunnu prāṇanī kūṭṭil - kaṣṭam
veṭiyola nīyī vidhattil
noṭi nēram vaikarutammē - vannu
maṭiyāte vāriyaṇaykkū

Ma vie bat des ailes dans la cage du corps. Je T'en prie, ne m'abandonne pas ainsi. Ne tarde plus un instant, viens et prends-moi dans Tes bras.

Piriyolla nīyenne viṇṭum - ammē
parayū nī vaikunnatentē
nirabhakti dīpam telichan - manam
arivinte śrī kōvilākkū

Ne m'abandonne pas ainsi, séparé de Toi. O Mère, pourquoi tardes-Tu ? Allume la lampe de l'Amour et fais ainsi de mon cœur le temple de la Connaissance.

Tirumāri loru pon maṇi - pōl
tarukī makaninnabhayam
tiruppāda pūjā malarāy - nityam
viṭaraṭṭe jīvita sūnam

Accorde-moi refuge, fais de moi un bijou parant Ta forme radieuse. Puisse la fleur de cette vie s'épanouir, offerte en adoration à Tes pieds sacrés.

Ō VĀSUDĒVĀ

Ō vāsudēvā paṇindōm mukundā
kuzhandaikal azhaittōm viraindōṭi vārāy
giritanai viral tannil ēndiya bālā
tunpachumaikalai tāṅkiyē vandōm

O Krishna, Vasudéva, nous T'implorons, Mukunda,
Toi qui accordes la libération. Tes enfants T'appellent, viens vite.
Toi, l'Enfant qui a porté une grande montagne sur ton petit doigt.
Nous venons à Toi chargés du fardeau de nos souffrances.

Kanindarul tārāy
kavalaikal tīrppāy
manakkōvil tanilē
vītriḍa vārāy

Accorde-nous Ta grâce et mets fin à nos malheurs,
viens demeurer dans le temple de notre cœur.

Āzhnda nal anpinai
kāṇikkai tandōm
ā nirai mēyppavanē
āṇṭarul tārāy

Nous n'avons rien à offrir, sinon notre amour profond
et pur. O petit pâtre, accorde-nous la victoire, bénis-nous.

Vandiṭa iniyum
tāmatam ēnō
vaṇaṅkiṭum āṭiyavartam
manatil olirpavanē

Pourquoi tardes-Tu à venir ? Quelle en est la raison ?
Tu illumines le cœur de ceux qui s'abandonnent à Toi.

Gōpālā kṛṣṇā śrī hari kṛṣṇā
gōvinda kṛṣṇā rādhē kṛṣṇā

O Krishna, petit pâtre, Seigneur des vaches, Seigneur de Radha.

PĀDAMŪLATTILE PĀMSUVĀY

Pādamūlattile pāmsuvāy māttumō
pāvanē nīyenneyammē
kōṭiviśvaṅgalkku tāyē orikkalī
ēzhayēyōrkkumō cite? ī
ēzhayēyōrkkumō cittē

Quand deviendrai-je la poussière de Tes pieds de lotus ?
O Mère divine, m'accorderas-Tu cela ? O Mère
d'une infinité de mondes, daigneras-Tu, une fois seulement,
Te rappeler cet enfant impuissant ?

Viśvam chamaykkunna nin vīkṣaṇam verum
nissāranāmennil vīnāl
ānanda dhāmamām nin pādam pūkuvān
ñānum samartthanākillē? ammē
ñānum samartthanākillē?

Si seulement Ton regard, assez puissant pour créer des univers,
se posait sur l'être insignifiant que je suis, je pourrais alors
atteindre Tes pieds bénis, demeure de la béatitude

Nin mukhābhōjam pozhikkunna puñchiri-
ppūnilāvennil patichāl
śōkatāpaṅgal śamichennilamba nin
prēmam niraññīṭukillē? bhakti
pādam niraññīṭukillē?

Que le clair de lune de Ton tendre sourire,
émanant de Ton visage radieux, tombe sur moi,
et mes chagrins s'envoleront, la fleur de la dévotion,
encore en bouton, s'épanouira.

Nīyenneyōrkkukil dhanyanāyannu ñān
nīyonnu nōkkukil muktan
nin padāntēyaṇachiṭumōyenne nī
nin prēmamēkumō tāyē? ennil
nin prēmamēkumō tāyē?

Une pensée de Toi, et je suis béni, un regard de Toi,
et je suis libéré. M'attireras-Tu près de Toi ?
Répandras-Tu sur moi Ton amour ? (bis)

PĀDĀRAVINDHANGAL

Pādāravindhangal paṇindhēn ammā
ādhāram nī endru arinthen ammā
chedāram illāmal chezhippai thandhu
kādhoram inmozhiyāl kavalai thīrppāi

O Mère, je me prosterne à Tes pieds. Tu es le support de ma vie, j'en ai pris conscience.
Accorde-moi la richesse impérissable.
Murmure tendrement à mon oreille et mets fin à mes chagrins.

Ammā endrazhaikkum un kuzhanthaikku inghe
arulandri vērēthuvum vēndām ammā
summā nī inimēlum irunthu viṭṭāl
pazhi yēdhum yenakkalla unakkē ammā

Amma, cet enfant T'appelle et ne désire rien d'autre que Ta grâce. Si Tu persistes à garder le silence, alors souviens-Toi : c'est Toi que l'on blâmera, et non moi.

Selvangal yerālam irunthālum un
arul selvam illāmal nargahti undō
inbathil pangerka evarum varuvāy
ennālum thuyar thīrka nīyē varuvāy

Quelle que soit notre fortune, sans la richesse de Ta grâce, pourrions-nous jamais atteindre le vrai but (de la vie) ?
Dans les moments de bonheur, les compagnons abondent, mais Toi seule mets fin à la douleur.

Ellām un vilayādal ena arinthālum
enō yen manathil innum nimmadhi illai
thunbam varumbhōthum maravathunnāi
manamāra pōtrum nal ullam vēndum.

Je sais bien que tout cela est Ton jeu divin, pourtant mon cœur ne trouve pas la paix. Je T'en prie, donne-moi un cœur qui Te chérisse constamment et Te glorifie même dans les moments de souffrance.

PANNAGĀBHARAṆA

Pannagābharaṇa paśupatē
pavalavāy maṇiyē umāpatē
chinmaya rūpā paśupatē
chintayil varuvāy umāpatē

O Seigneur Pasupati (Shiva), paré de serpents, O Seigneur précieux aux lèvres couleur de rubis, Tu es la personnification de la Conscience. Daigne venir dans mon cœur, O Seigneur d'Uma.

Pādapamkajam paṇintiṭuvōm
padamalar sernthida tutittiṭuvōm
vēdattin āzhnta karuttukalin
vilankum uyirai nāyakanē

Nous nous prosternons à Tes pieds de lotus ; nous prions pour nous unir à eux. O Seigneur, Tu brilles en tant qu'Essence des vérités contenues dans les Ecritures.

Anaithilum irukkum paramporulē
adiyarkamudhām adaikkalame
meniyil pādhiyai pakirndhavane
inimai taruvāy śankaranē

O Seigneur éternel, Tu es présent en tout. Tu es le refuge éternel des dévots. Tu as cédé la moitié de Ton corps (à Parvati). Daigne nous accorder tout ce qui est doux, O Toi qui es propice.

Unainān māravan varam alippai
ulamtanil sudar vidum oli vilakke
unnil irandara nānkalakka
uṭanē vandu arul purivāy

Accorde-moi la faveur de ne jamais T'oublier.
Tu es la Lumière divine qui brille dans le cœur.
Daigne me bénir afin que je me fonde en Toi sans tarder.

PASIYENTRĀL UṬAN

Pasiyentrāl uṭan
rusiyamudāvāy ammamma
naṭu nisiyentrāl uṭan
nilavāy varuvāy ammamma

O Amma, quand j'ai faim, Tu viens à moi
sous la forme d'un repas somptueux.
Quand il fait nuit noire, Tu apparais
sous la forme du clair de lune.

Nāvularntāl uṭan
taṇṇīrāvāy ammamma
indha nānilum varaṇṭāl māri
entrāvāy ammamma

Quand j'ai soif, Tu viens à moi sous la forme de l'eau.
Quand la terre est sèche, Tu apparais sous la forme de la pluie.

Nān vizhuntāl uṭan tānkiṭa
varuvāy ammamma
ennil nānezhuntāl uṭan āṇavam
aṭakkuvāy ammamma

Si je tombe, Tu te précipites pour me relever.
Si mon ego se dresse, aussitôt Tu le détruis.

Nān azhutāl uṭan
ārutal solvāy ammamma
inku nān siritthāl uṭan
sintanai seyvāy ammamma

Quand je pleure, Tu me consoles.
Quand je ris, Tu penses à moi.

Nān seyuṁ vinaikalai
kaṇakkinil eṭuppāy ammamma
atai nankukka nārpatāy
tiruppi koṭuppāy ammamma

Tu fais la somme de mes actions,
puis Tu m'en donnes les résultats aux multiples aspects.

PAṬI PUKAZHTTUVĀN

Paṭi pukazhttuvān āvillenikku nin
pāvana jīvita prābhavaṅgal
bhāvōjjvalaṅgalām gītaṅgal pōlum nin
prēma prapañcattilartha śūnyam

Il est impossible de chanter comme il convient les louanges de Ta vie pure et glorieuse. Devant Ton amour et Ta compassion universelle, les chants les plus vibrants de dévotion, les plus magnifiques, semblent vains et creux.

Ārente prāṇanil spandichu mēvunnu
ārenne ñānākki nirttiṭunnu
ārenmanassinte ārāmavāṭiyil
ānandanṛtam chaviṭṭiṭunnu

Tu es le Substrat de la puissance de la vie. C'est de Toi que jaillit mon être. En mon cœur, Tu danses librement.

Āgamam pāṭippukazhttunnatāreyā
ṇārilī viśvam viriññunilpū
ārīyulakinnuyirēki jīvante
ādyattuṭippāril ninnutirnnu

C'est Toi que glorifient les Ecritures. Ce monde a surgi
de Toi comme une fleur, Tu lui as donné la vie.
Tu es l'âme suprême de toutes les âmes.

Lōkattin uṇmayām ammahā śaktiyen
ammayā enpārnnavatarichu
āyiram neyvilakkētti veykkām
dalamāyiramulla patmattilennum

Energie suprême, Source de toute vie, Tu T'es incarnée
sous la forme de Mère. Pour T'adorer, j'allumerai mille lampes
remplies de ghi dans le lotus aux mille pétales de mon âme.

Viśvam vilakkum prakāśamūrtte hṛttil
advaita vidyā viśiṣṭa murttē
arkkānalādi prapañchavittē śuddha
chinmātra sattē namō namastē

Incarnation de la lumière du monde, seule Vérité
et seule Connaissance, Perle précieuse entre toutes,
soleil, feu et graine de l'univers, Tu T'es manifestée
sous la forme de la pure Conscience, je Te salue.

Kālkal praṇāmaṅgal arppikkeyānanda
bāṣpārdram ākunnitantaramgam
mātāmṛtēśvarī sūrya tējōmayī
nī tānulakinnorātma bandhu

En me prosternant à Tes pieds sacrés, mon cœur fond et je
pleure. O immortelle Déesse ! En ce monde, Tu es tout ce qui
est cher à cette âme.

PĀVANI DAYĀKARI

Pāvani dayākari dēvi dēhi mamgalam
pāhi pāhi śrīkari virāgiṇi purātani
śāmbhavi śivamkari sadāviśuḍharūpiṇi
śāśwati jaganmayī sanātani suhāsini

O Déesse, Toi qui es pure, Tu répands sur tous Ta compassion ! Accorde-nous ce qui est propice. Toi qui donnes la prospérité, daigne me protéger, Toi l'Ancienne, détachée de tout. O Shambavi, Tes actions bienfaisantes élèvent le monde. Toi dont la forme est toujours pure, Toi l'Eternelle, omniprésente, Déesse au charmant sourire.

Jaya bhavāni jaya mahēśī
jaya suvāṇi śamkari

Gloire à Bhavani, gloire à la grande Déesse
aux douces paroles, gloire à Celle qui est favorable.

Bhārati himādriputri
śōbhanē vimōhini
sarvadukhahāriṇi
garvamūlanāśini

O Bharati, fille de l'Himalaya, O Déesse lumineuse et enchanteresse, devant Toi les chagrins s'évanouissent et l'ego est anéanti.

Sāmagānavādini
mātṛrūpadhāriṇi
mālini manōpahāra
ghōra māravāriṇi

Les hymnes du Sama Véda font Tes délices,
Tu prends la forme de la Mère, O Durga,
Tu détruis la luxure qui consume le mental.

POṬṬIKKARAÑÑU

Poṭṭikkaraññu karaññu ñān ammatan
pādē layikunna dinamennahō
enna parādhaṅgal sarvvam poruttenne
nin padē cherkunna dinamennahō
amṛtēśvarī ammē jagadambikē

Je fonds en larmes, je pleure des rivières. Quand viendra donc le jour où je me fondrai en Tes pieds ?
Quand les péchés que j'ai si sottement commis seront-ils pardonnés ?
Quand pourrai-je me dissoudre en Toi ?

Ninpāda sarattin muttāyirunnemkil
nin pāda dhvatikal kēṭṭēnē
nin pāda dhvanikal ñāṇ eppazhum kēṭṭente
pāpaṅgalellām tīrnnēnē
samastā parādam poruttīṭaṇē
nin pāda patmē chērttīṭaṇē
amṛtēśvarī ammē jagadambikē

Si j'étais une perle de Tes bracelets de cheville,
j'entendrais le son de Tes pas. Ecoutant ainsi éternellement cette mélodie, je serais lavé de mes fautes.
Malgré toutes mes erreurs, laisse-moi me fondre
en Tes pieds sacrés, Déesse éternelle, Mère universelle.

Nin pādapatmē layichoru mānasam
prāptamayīṭān kotikunnu ñān
ennile ājñānamakavē mutinī
nin tirupādattil chērttīṭaṇē
samastāparādham poruttīṭaṇē
ninpādapatmē cherttīṭaṇē
amṛtēśvarī ammē jagadambikē

J'aspire à me fondre totalement en Tes pieds immaculés. Unis-moi à Tes pieds, dissipe l'ignorance qui règne dans mon cœur. Malgré toutes mes erreurs, laisse-moi me fondre en Tes pieds sacrés, Déesse éternelle, Mère universelle.

PRĒMA KĀ DĪPA JALĀ DŌ

Prēma kā dīpa jalā dō
tērī smaraṇā mē magna karā dō
mērē prabhu hē dayā nidhān
mērē bhagavān jay śrī rām

Seigneur, allume dans mon cœur la lampe de l'amour,
fais que seule Ta pensée m'habite. O Rama,
Incarnation de la Bonté, gloire à Toi.

Bhaṭaktā hē man dukha dētā hai
tuchasē dūr kahī lē jātā hai
kṛpā karō mērē rām (2x)
mana mandira mē karnā tu vas

Mon mental vagabonde, il ne m'apporte que du chagrin.
Il m'entraîne loin de Toi. Montre-Toi compatissant
et répands Ta grâce dans le temple de mon cœur.

Na ātā hē gīt na sur sajtā hai
rām, hē rām, kahnā ātā hai
kṛpā karō mērē rām
tērē darshan ki hē chāhat ram

Je ne connais aucun chant (dévotionnel), je ne sais
même pas chanter. Je ne sais qu'une chose : T'appeler.
O Rama bien-aimé, répands sur moi Ta grâce,
accorde-moi Ton darshan.

Kṛpā karō mērē rām
prēma kā dīpa jalā dō āj

O Seigneur, O Ram, répands sur moi Ta grâce
et allume dans mon cœur la lampe de l'amour.

PRĒMA KĪ AGAN HŌ

Prēme kī agan hō
bhakti sagan hō
man mē lagan hō tō
prabhu mil jāyēmgē (2x)

Si la flamme de l'amour brûle, si le cœur est rempli d'amour divin, si l'on consacre son cœur et ses pensées au Divin, alors on trouve Dieu.

Hṛdaya mē bhāv hō
anunay kī chāv hō
arādhan kā khāv hō tō
man khil jāyēmgē (2x)

Si on a le cœur plein d'amour, si on est humble,
accomplissant tout acte comme une adoration,
alors la fleur du mental s'épanouit.

Śraddhā kī jyōt hō
manmē na khōṭṭ hō
karuṇā kā śrōt hō tō
prabhu śrī āyēmgē (2x)

Si la flamme de la foi brûle, si le cœur est pur
et compatissant, le Seigneur viendra.

Charaṇōm kī chāh hō
bhakti pravāh hō

puja kī rāh hō tō
prabhu harshayēmgē (2x)

L'amour pour les pieds sacrés du Seigneur, le flot de la dévotion, la voie de l'adoration, tout cela plaît au Seigneur.

Bhajanōmkē bōl hō
bhāv anumōl hō
archan kē mōl hō tō
prabhu muskurayēmgē (2x)

Si l'on chante les bhajans avec dévotion et que
l'on se consacre entièrement au Seigneur,
alors le Seigneur sourit.

Nārāyaṇ dhan hō
chavimē magan hō
archan bhandhan hō tō
prabhu darshayēmgē (2x)

Celui dont le cœur béni vibre de dévotion,
celui que la forme divine du Seigneur enchante,
celui qui vénère le Seigneur avec amour,
celui-là aura la vision du Seigneur.

PRĒMA MĒ JIYŌ

Prēm mē jiyō amṛt piyō
prēm mē jiyō ānand mē rahiyō

Vivez dans l'amour et buvez le nectar de la béatitude intérieure.
Vivez dans l'amour et soyez heureux.

Prēm kī dēvi kī jaya jaya bōlō
parāśakti kī jay jay bōlō

Gloire à la Déesse de l'Amour, à l'Énergie suprême

Prēm kē sāgar sē jō tēr jāyē
māyā kē jāl mē vō phas jāyē
prēm kē sāgar mē jō ḍūb jāyē
amṛt pīyē amar ban jāyē

Celui qui s'éloigne de l'Océan d'amour est pris dans les rets de l'illusion. Celui qui sombre dans l'Océan d'amour boit le nectar de la béatitude et devient immortel.

Dēvi kō jō harānā cāhē
uskī hār avaśya hō jāyē
hār kē sab kuch jō ā jāyē
uskī vijay avaśya hō jāyē

Celui qui défie la Déesse appelle la défaite.
Celui qui, désemparé, L'implore, appelle la victoire.

Prēm kī dēvi kī jay jay bōlō
parāśaktī kī jay jay bōlō
prēm sē bōlō jay jay bōlō
sab mil bōlō jay jay bōlō

Gloire à la Déesse de l'Amour, à l'Energie suprême.
Chantons Ses louanges avec amour, chantons en chœur Ses louanges !

Prēm kī dēvi prēm kī rānī
prēm svarūpiṇi sab kuch hamāri

Déesse d'amour, Reine d'amour, Incarnation de l'amour, Tu es tout pour nous.

RĀDHA TAN SANDĒŚAM

Rādha tan sandēśam ettī mathurayil
kaṇṇaniṅgōṭṭonnu vannīṭaṇē
ennuṭe vīṭṭil varēṇṭa sakhē
vṛndāvanattilēkkettīṭaṇē

Le message de Radha est arrivé à Mathura : « O Krishna, viens une fois, une seule fois ! Inutile d'aller chez moi, mais je T'en supplie, viens au moins à Vrindavan ! »

Kālindītīram kaṭambin cuvaṭṭilāy
kāṇumoru kochu śavakuṭīram
kaṇṇante dāsiyennuṇṭām phalakavum
pullum karīlayum mūṭī mīte

Tu y trouveras une petite tombe sous un arbre kadamba, sur les rives de la Yamuna. Ton humble servante y reposera, O Kanna, sous un dôme d'herbe et de feuilles.

Ākuṭīrattil nī kālonnu chērkkukil
kṛṣṇā kṛṣṇā ennu kēlkkumallō
rādhā śarīrattin ōrō kaṇaṅgalum
nāmam japikkunna nādamallō

Si Tu colles ton oreille contre la tombe, Tu entendras : « Krishna! Krishna ! » Chaque atome du corps de Radha vibre en répétant Ton nom.

En kuṭīrattil nin kaṇṇil ninnum raṇṭu
kaṇṇir kaṇaṅgal patichītumō
ninne ninachuninchumarichīṭum
rādhaykkuvēronnum vēṇṭa kaṇṇā

Deux larmes jaillies de Tes yeux tomberont-elles alors sur ma sépulture ? Radha ne désire rien d'autre, elle qui se meurt en pensant à toi, Kanna !

RĀDHĒ KṚṢṆĀ (GŌPIKĀ RAMAṆA)

Rādhē kṛṣṇā rādhē kṛṣḥṇā rādhē rādhē
rādhē kṛṣṇā rādhē kṛṣṇā rādhē rādhē
kṛṣṇā rādhē rādhē
Gōpikā ramaṇā kṛṣṇā gōkulabālā
mōhana rūpā kṛṣṇā nīla śarīrā
kuñjavihārā kṛṣṇā mañjulapādā
sundaravadanā kṛṣṇā rañjitalōkā

O Toi qui subjugues les gopis, O Krishna, Beauté enchanteresse au teint bleu sombre, Tu joues dans les bosquets de Vrindavan.
Tes pieds sont beaux, magnifique est Ton visage ;
Tu charmes le monde entier.

Kisalaya charaṇā kṛṣṇā kuvalaya nayana
śaśi samavadana kṛṣṇā mṛdupadanaṭana
mṛdumṛduhasitā kṛṣṇā madhumayavacanā
munimanaharaṇa kṛṣṇā śubhaśatanilaya

Tes pieds ont la douceur des feuilles tendres, O Krishna aux yeux de lotus, Ton visage brille comme le clair de lune.
Tu danses avec grâce et douceur, O Krishna, Ton charmant sourire et le nectar de Tes paroles ont captivé le cœur des sept sages.
Tu es la demeure de toutes les vertus.

Dēvakitanayā kṛṣṇā kāliyadamanā
kalimalaśamanā kṛṣṇā śubhamayacaritā
natajanaśaraṇā kṛṣṇā bhava bhayaharaṇā
janimṛtiśamanā kṛṣṇā śivavidhivinutā

O Fils de Dévaki, Tu as vaincu le serpent Kaliya (qui infestait la rivière Yamuna),
Tu détruis les impuretés de l'âge noir du matérialisme.
Raconter Tes hauts-faits porte bonheur, O Krishna, Refuge de ceux qui s'abandonnent à Toi.
Tu chasses la peur de la transmigration et nous libères du cycle des naissances et des morts ;
Shiva et Brahma eux-mêmes se prosternent devant Toi.

RĀDHĒ RĀDHĒ GŌVINDA

Rādhē rādhē Gōvinda
bhajō rādhē rādhē gōpālā (2x)

Vénérez Radha et Krishna, le Seigneur des vaches, le petit pâtre.

Rādhā lōlā Gōvinda
rāsa vilōlā gōpālā
rādhā rañjana Gōvinda
ramaṇiya veṣā gōpālā

Bien-Aimé de Radha, Seigneur des vaches
qui a dansé la rasa lila, petit pâtre qui charme Radha
et dont la beauté attire tous les cœurs.

Nanda mukundā Gōvinda
navanita chōrā gōpālā
kāliya mardhana Gōvinda
kaustubha bhūṣaṇa gōpālā

Tu donnes le bonheur, Seigneur des vaches,
petit voleur de beurre, Vainqueur du serpent Kaliya,
Tu portes le joyau kaustubha.

Vēṇu vilōlā Gōvinda
vijaya gōpālā gōpālā
Gōvinda jaya Gōvinda
gōpālā jaya gōpālā

Toi qui aimes la flûte, Seigneur des vaches,
gloire au petit pâtre, salutations à Gopala.

RĀGA VAIRIKAL NIṄGITUM

Rāga vairikal niṅgitum
duritāmayaṅgaloṭuṅgitum
mānasam bhava śōka tāriṇī
ammayil vilayikkukil

Si le mental se fond en Mère, Celle devant qui s'évanouissent
toutes les souffrances du monde, alors les ennemis,
les désirs, s'enfuiront et toute douleur disparaîtra.

Kanmaṣaṅgalakanna pōyatumuṇ
matan nila vanniṭum
chinmayī tvayī santatam mama
chintayōkkeyaṭaṅgaṇē

Les ténèbres du péché, qui enveloppent le cœur, s'évanouiront,
et il ne restera que la Vérité. O, Incarnation de la conscience,
puissent mes pensées disparaître à jamais.

Khinnataykku virāma miṭṭatha
bhinnabhāvamakattaṇē
dhanyamāy varumeṅkilījani
manmanō sukha kārini

Daigneras-Tu mettre fin à ma douleur et dissiper le sentiment
de la séparation ? Alors j'aurai atteint le but de ma vie.
O Mère, Tu m'apportes la béatitude intérieure.

Tāpanāśaka tāvakāmṛtha
hāsamennil tūvukil
āśapāśa maruttu ñān tava
śānti dhāmam aṇaññiṭum

O Toi qui détruis le chagrin, si Tu m'accordes la grâce de Ton sourire ambrosiaque, j'atteindrai la rive de la paix éternelle.

RĀMACHANDRAM MANŌBHIRĀMAM

Rāmachandram manōbhirāmam
jaya jānakī prabhum vandēham
bōdhānta bhāsura bhāva pradīptam
saumya svabhāvam nijānanda rūpam

Salutations au Seigneur Rama, Seigneur de Janaki (Sita), qui rayonne de la lumière de la conscience. Sa nature est douce et compatissante, Il est l'Incarnation de la béatitude du Soi.

Sahasrēndu sadṛśa mukhāravindam
dūrvādala śyāma sumōhana rūpam
śiva maralumā nayanayugam
arkkēndu maṇdhalam ādhāradhāmam

Salutations au Seigneur Rama, dont le visage a la beauté de mille clairs de lune, dont le teint sombre nous charme, dont les regards bénissent, Rama, Source de l'univers.

Vibhum tārakākhyā sudhārasātmā
karuṇārṇṇava hṛdayā harilīla dēvā
tava mandahāsēnu ahamattu nityam
svāntattilanu bhūti surabhilamākāvū

Je vénère le Seigneur suprême, qui nous fait traverser l'océan du samsara, la Béatitude du Soi ; Son cœur est un océan de compassion. Seigneur, puisse Ton regard bienveillant anéantir mon ego et me remplir du parfum de la béatitude intérieure.

Harē rāma harē rāma rāma rāma harē harē
harē kṛṣṇā harē kṛṣṇā kṛṣṇā kṛṣṇā harē harē

RĀMACHANDRA RAGHUVĪRA

Rāmachandra raghuvīra
rāmachandra rana dhīra

O Seigneur Rama, membre du clan des Raghus,
courageux Seigneur Rama.

Rāmachandra raghu rāma
rāmachandra param dhāma

Seigneur Rama, Soutien ultime, Refuge suprême,
Demeure finale de tous les êtres.

Rāmachandra raghu nāthā
rāmachandra jagan nāthā

Seigneur des Raghus, Souverain de l'univers.

Rāmachandra mama bandō
rāmachandra daya sindō

Seigneur Rama, Tu es l'Ami que je chéris, Océan de compassion.

Raghu rāma param dhāma

Seigneur Rama, Refuge ultime.

Raghu nāthā jagan nāthā

Seigneur des Raghus, Seigneur du monde.

Mama bandō daya sindō

Tu es mon Ami et Tu es un Océan de compassion.

RĀSA VIHĀRĪ

Rāsa vihārī kuñjavihārī
nijajana hṛdaya vihārī
bhava bhaya hārī kaustubha hārī
narakāsura samhārī (2x)

Toi qui savoures la rasa lila, Tu joues dans ls bosquets de Vrindavan, Krishna, Tu demeures dans le cœur des dévots. Tu chasses la peur liée à l'existence en ce monde. O Toi qui portes le joyau kaustubha, Vainqueur de Narakasura (un démon envoyé pour tuer l'enfant Krishna).

Sarasijanābha sarasija nētra
sarasīruha mṛdu charanā
sarasijahastā sarasijavadanā
sarōjanī manōramana

Tes yeux ont l'éclat du lotus, Tes pieds ont la douceur des pétales du lotus, Tes mains et Ton visage évoquent des lotus ; Tu fais le bonheur de Sarojani (Lakshmi).

Madhusūdana hē madhumaya vigraha
madhura smitayutha vadanā
madhubhāṣaṇa hē madhurālāpitā
muralīdhara paśupālā

O Vainqueur de Madhu, O Incarnation de la douceur, Toi dont les paroles, les chants et le sourire sont toujours tendres, Tu tiens une flûte, Tu protèges tous les êtres.

Gōpakumārā gōparipālā
gōpījanamana chōra
gōkula nāthā gōpajanēśā
gōvinda jaya vandē

Fils de Nanda Gopa, petit pâtre, Tu dérobes le cœur de toutes les gopis, Seigneur de Gokul, protecteur des vaches, gloire à Toi, Govinda, nous nous prosternons.

RUṬHĀ HĒ KYŌ MĒRĒ LĀL

Ruṭhā hē kyō mērē lāl
ab tō hasa dē jarā
maiyā kahē sun rē śyām
vraja kā tu hē dūlārā
itanā bōlā bhālā

Mon Krishna chéri, pourquoi es-Tu si en colère ? Moi, Yashoda, Ta mère, je déclare que mon Krishna chéri est le préféré de tous les habitants de Vrindavan. Krishna est si tendre et innocent.

Ākē galē lag jā rē kānhā
chōḍ dē yē gussā
kyā maiyā kē hāthō sē
mākhan nahī khānā
ab tō mān lē śyām he
ab tō has dē jarā

O Kanna, accours vers moi, mets Tes petits bras autour de mon cou. Laisse Ta colère. Ne veux-Tu pas manger le beurre délicieux dont Ta mère va Te nourrir de ses propres mains ? Apaise-Toi donc, maintenant, et souris à Ta mère.

Naṭakhaṭa hē mērā kānhā nahī
kabhī mākhan churāyā nahī
jhūṭh kahē sabhī gvālinē...hā (2x)

Qui affirme que mon Kanna est un petit chenapan ?
Jamais il n'a dérobé de beurre chez les gopis.
Les déclarations de ces laitières ne reposent sur rien.

Tu hē mērā nandalālā
mēri ānkhon kā tārā
ītanā hē suṇdara ītanā hē pyāra
sab kē man kō haranē vālā
vraja kā tu hē dulārā

Tu es le chéri de Nanda, mon chéri entre tous.
Krishna est si beau, si charmant. Il dérobe les cœurs,
l'Enfant chéri de Vrindavan.

ŚAKTI DŌ JAGADAMBĒ

Śakti dō jagadambē bhakti dō jagadambē
prēm dō jagadambē mā mujhē
viśvās dēkar rakṣa karō
amṛtēśvarī jagadambē

O Mère divine, donne-moi de la force, O Mère divine;
donne-moi de la dévotion; O Mère divine, donne-moi
l'amour pur. O Mère divine, protège-moi en m'accordant
une foi parfaite, O Déesse immortelle, Mère de l'univers.

Mātē jagadambē māyā tama nāśē
amṛtēśvarī jagadambē mā
dīnāvana śīlē ganāmṛta lōlē
amṛtēśvarī jagadambē mā

O Mère de l'univers, Toi qui détruis les ténèbres de l'illusion, Tu es pleine de compassion, le nectar du chant fait Tes délices, O Déesse immortelle.

Śvētāmbara vasanē nīlāmbuja nayanē
amṛtēśvarī jagadambē mā
sōmōpama vadanē sakalāmaya śamanē
amṛtēśvarī jagadambē mā

O Mère toute de blanc vêtue, Tes yeux semblent deux lotus bleus et Ton le visage a l'éclat de la pleine lune. Toi qui détruis le mal, Mère de l'univers.

Karuṇā rasa hṛdayē śaraṇāgata varadē
amṛtēśvarī jagadambē mā
śivadāyini śubhadē manamōhini mahitē
amṛtēśvarī jagadambē mā

O Mère, Ton cœur déborde de compassion, Tu accordes des faveurs à ceux qui prennent refuge en Toi, O Toi qui donnes ce qui est bon, Tu subjugues les cœurs ; O grande Déesse, immortelle Déesse, Mère de l'univers.

Sumanōhara śamanē sukharūpini saumyē
amṛtēśvarī jagadambē mā
lalanāvara rūpē layakāriṇi durgē
amṛtēśvarī jagadambē mā

Ta démarche est si gracieuse, Incarnation du bonheur, divine Beauté, divine Bien-Aimée, O Durga, Tu nous accordes l'état d'unité, O Déesse immortelle, Mère de l'univers.

SAMASTA PĀPANĀŚANAM – (VIṢṆU PAÑCAKAM)

Pāvanam sarvalōkēśam bhaktavañcitadāyinam
bhāvayāmi sadāviṣṇum sūryakōṭi samānanam

Je médite constamment sur le Seigneur des trois mondes,
Vishnu, dont le visage a l'éclat de millions de soleils ;
Il est pur et accorde aux dévots ce qu'ils désirent.

Samasta pāpanāśanam
bhujamgatalpa śāyinam
trilōkavandya nāyakam
namaskarōmi mādhavam

Celui qui détruit le péché, le Maître des trois mondes,
repose sur le serpent Adishesha ; salutations au Bien-Aimé
de la Déesse Lakshmi.

Mṛgēndravēṣa dhāriṇam
gajēndramōkṣa kāraṇam
surēndrasēvya vaibhavam
vibhāvayē ramēśvaram

Je médite sur le Seigneur Rama qui s'est incarné
sous la forme de l'homme-lion, Narasimha ;
Celui qui a libéré le roi des éléphants
(dont le pied était pris par un alligator) ;
je médite sur Rama, que sert le roi des dieux.

Kuśēśayākṣam ākṣayam
kumārgginām suśikṣakam
aghāsurādi bhañjanam
harim bhajāmi rañjanam

Eternel et inaltérable, Ses yeux ont la forme des pétales de lotus, Il discipline ceux qui enfreignent le dharma, Il a détruit les démons tels qu'Agha ; je vénère Hari, qui apporte à tous la joie.

Anamgakānti śōṣaṇam
prapanna mōhahāriṇam
nirīhamīśam adbhutam
vibhāvayāmi mādhavam

Tu guéris Tes dévots de l'illusion qui les aveugle. O Merveille des merveilles, Seigneur de l'univers, libre de tout désir, je médite sur Madhava dont la beauté dépasse celle du dieu de l'amour.

Lasat karābja maṇḍitam
lalāṭakānti śōbhitam
suvarṇa kuṇḍalānvitam
vibhāvayāmi mādhavam

Tes mains ont la douceur du lotus, Ton front rayonne de beauté. Je médite sur Madhava, paré de boucles d'oreilles en or.

Kēśavāya mādhavāya śāśvatāya tē namaḥ
nāradādi pūjiṭāya śrīdharāya tē namaḥ

Salutations à Toi, O Késhava (Celui qui a tué le démon Késha),
O Madhava, Toi l'Éternel, salutations à Shridhara
(Celui qui porte Lakshmi sur sa poitrine),
Celui que Narada et les autres grands dévots vénèrent.

ŚAMKARĀ ŚIVA ŚAMKARĀ

Śamkarā śiva śamkarā
śiva śamkara rūpa maheśvarā

O Toi qui es propice, Shiva, Personnification du Bien,
O grand Dieu.

Śamkarā śamkarā śamkarā
śiva śamkarā śamkarā śamkarā

O Shiva, Toi qui es propice

Ōmkāra priya śiva śamkarā
kailāsa priya śiva śamkarā
natajana priya śiva śamkarā
śiva śamkarā rūpa mahēśvarā

Toi qui savoures la répétition du mantra Om,
le Mont Kailash est Ta résidence favorite,
Seigneur de tous les êtres, O Shiva, Personnification du Bien.

ŚANKARJĪ KĀ ḌAMARU BŌLĒ

Śankarjī kā ḍamaru bōlē
śrī rām jay rām jay jay rām
mīrābāyī ki ēkatāri bōlē
rādhē śhyām jaya rādhē śhyām
jay jay rādhē śyām jay rādhē śyām

Le damaru de Shankarji (Shiva) chante :
« Gloire à Rama ». L'ektara de Mirabai proclame :
« Gloire à Radhe Shyam ».

Śankarjī kā ḍamaru bōlē
śrī rām jay rām jay jay rām
tukārāmjī kī vīṇā bōlē
viṭṭhala viṭṭhala jaya hari nām
viṭṭhala viṭṭhala jaya hari nām
jay jay viṭṭhala viṭṭhala jaya hari nām

Le damaru de Shankarji (Shiva) chante « Gloire à Rama »
La vina de Tukaram déclare : « Vithala, gloire au nom de Hari. »

Śankarjī kā ḍamaru bōlē
śrī rām jay rām jay jay rām
rāmadās kī kumaḍī bōlē
raghupati rāghava rājā rām
raghupati rāghava rājā rām (bōlō)
raghupati rāghava rājā rām

Le damaru de Shankarji (Shiva) chante « Gloire à Rama »
Le kumadi de Ramdas proclame : « Chantez les louanges de Rama, de Raghupati, de Raghava. »

Śankarjī kā ḍamaru bōlē
śrī rām jay rām jay jay rām
sūradās kī ēkatāri bōlē
gōviṇda gōviṇda jay gōpāl
gōviṇda gōviṇda jay gōpāl
jay jay gōviṇda gōviṇda jay gōpāl

Le damaru de Shankarji (Shiva) chante : « Gloire à Rama »
L'ektara de Surdas proclame : « Gloire au Seigneur
et au protecteur des vaches, gloire au petit pâtre. »

ŚARAṆAM ŚARAṆAM KĀLI

Śaraṇam śaraṇam kāli śaraṇam
śaraṇam satatam jagadambā śaraṇam
śaraṇam bhairavi bhadrē śaraṇam
śaraṇam satatam śiva śakti śaraṇam

Donne-nous refuge, O Kali. Mère du monde,
Epouse de Shiva, daigne nous accorder refuge.

Pārvati śaraṇam pāvani śaraṇam
pāpa vināśiṇi mē śaraṇam

samasta viśva vidhāyaki śaraṇam
praśasta dakṣaki mē śaraṇam

Parvati, Toi qui es pure, donne-nous refuge. Tu détruis le péché, Tu fixes le destin du monde, O Fille de Daksha.

Bhakta janāvana dakṣē śaraṇam
dukha vibhañjini mē śaraṇam
hṛdaya vihāriṇi karuṇā paurṇṇami
śaraṇam charaṇam mama jananī

Les dévots Te vénèrent, Toi qui balayes tous les chagrins, Tu demeures dans notre cœur ; O Mère, pleine lune de la compassion, accorde-nous refuge à Tes pieds.

SARVAJAGATTINUM ĀDHĀRAM

Sarvajagattinum ādhāram
sanmayī nī sukhakēdāram
santatam enmanam aviṭutte
chintayil aviratam aliyaṭṭe

Substrat de tous les mondes, Vérité omniprésente, Demeure du bonheur, puisse mon mental se dissoudre, entièrement fixé sur Toi !

Nutanamennum nin rūpam
nitya vasantakatir pōle
mānasasarasin hamsini nī
māmaka jīvana chirabanḍhō

Tu apparais éternellement fraîche et neuve, telle la fleur d'un printemps perpétuel ; Tu es le Cygne dans le lac du mental et dans ma vie, l'Amie sur laquelle je peux toujours compter.

Chintāmalarāl kōrttorumālyam
amba, ninakkāy chārttām ñān
tinmayakattān uṇmayilaliyān
chinmayī sanmati ivanarululū!

O Mère, je Te parerai d'une guirlande de pensées pures,
O Incarnation de la Connaissance. Accorde-moi un intellect capable de me guider, évitant les écueils,
afin que je me dissolve dans la Vérité !

SARVA MAMGALA

Sarva mamgala lalitāmbika
bhakta manasa hamsika
bhaktimat kalpa rasika
lalitāmbika

Source de tout Bien, Mère Lalita, Tu accordes à Tes dévots l'illumination, Tu es la liane qui exauce tous leurs souhaits.

Samrājya dāyiṇi
sadāśiva kutumbiṇi
bhavāṇi rudrāṇi
bhakta saubhagya dāyiṇi

Tu accordes la souveraineté universelle, Epouse de Sadashiva (Shiva, Rudra), Tu donnes le bonheur à Tes dévots.

Padmanābha sahōdari
bhairavi amṛteśvarī
hrīmkari īshvarī
rāja rājeśvarī

Sœur de Vishnu, immortelle Déesse, Tu prends la forme du mantra hrim, Impératrice de l'univers, Souveraine du roi des rois.

ŚIVA ŚAKTYAIKYA RŪPIṆĪ

Śiva śaktyaikya rūpiṇī (3x)
amṛtapurēśvarī namō namaḥ

Salutations à la Déesse d'Amritapuri, qui est Shiva et Shakti réunis.

Anitaramī bhava mōchanam
mama jananī tava chōdanam
anupadamī smaraṇam taraṇam
maraṇam vareyum śāśvatam

O ma Mère, Tu nous libères du samsara,Tu nous insuffles le désir de Dieu. Puissé-je me souvenir de Toi à chaque instant, daigne m'accorder cette faveur.

Anavaratam kripatūkaṇē
anu nimiṣam śama mēkaṇē
tava charitam madhuram mahitam
sukhadam sumanō mōhanam

Que Ta grâce sans cesse se répande sur moi ; enseigne-moi la maîtrise constante de moi-même. Mère, l'histoire de Ta vie est sacrée, elle est douce à entendre, elle charme tous les cœurs et leur apporte le bonheur.

Jaya jananī bhavatāriṇī
kaniyuka nī bhavahāriṇī
anupamamī sukṛtam hṛdayam
nirayum karuṇāsāgaram

Gloire à Toi qui nous fais traverser l'océan de la naissance et de la mort. Montre-Toi miséricordieuse envers moi. Ton cœur est un océan de compassion auquel rien ne peut être comparé.

Ōm śakti ōm ōm śakti ōm (2x)

ŚIVA ŚIVA ŚIVA ŚIVA NĀMA

Śiva śiva śiva śiva nāma sumara nara
sakala manōratha pūraṇakāri
rāvaṇa nāma liyō dṛdha manasē
sakala dēvā āñjāsira dhāri

Nous répétons le nom de Shiva, Celui qui exauce les désirs. Quand Ravana décida de réciter ce nom, tous les dieux devinrent ses serviteurs.

Nandigaṇa japa sumirana kīnō
kāl pāś tat kālnivāri
upamanyū muni karē tapasya
dudh samudra kiyō badkāri

Quand Nandi et les Gunas récitèrent ce mantra, ils furent délivrés des griffes de la mort. Le sage Upamanyu se livra à de grandes austérités pour Shiva, qui transforma en lait pur l'eau de l'océan.

Brahmānanda yahi vara māmgē
bhakti dāna dijō tripurāri

Seigneur de la Béatitude absolue, daigne accorder une seule faveur à Ton serviteur : la dévotion infinie envers Toi, O Seigneur des trois mondes.

ŚŌKAMITENTINU

Śōkamitentinu sandhyē nīyum
ōrmmatan nīrattilalayukayō
sindūra varṇṇattil kulichu nilkkum nin
ullilum śōkāgni eriyunnuṇṭō

O Crépuscule, pourquoi sembles-tu si triste ce soir ?
Erres-tu toi aussi sur les rives de lointains souvenirs ?
Tandis que tu brûles, couleur de safran, ton cœur se consume-t-il comme le mien dans le feu dévorant du chagrin ?

Uṇṭō ninakkum orammayitupōl atō
kaṇṭō nīyumā snēha chandrikayē
kaṇṭāl nīyum chollumō śōkattāl
miṇṭān vayāttorente sandēśam

Connais-tu, toi aussi, la Mère divine de l'univers ?
As-tu baigné dans le clair de lune de Son amour infini ?
Si tu La vois, transmets-Lui je t'en prie ce message,
car le chagrin me rend muet.

Nalkumōyī puṣpadalaṅgal sandhyē
chollumō ennuṭe vadanaṅgal
pōyvarumbōl chollām ennuṭe
pōya vasantattin nalkkathakal

O Crépuscule, prends ces pétales de fleurs en partant ;
rediras-tu mes paroles douloureuses à ma Mère ?
Quand je te reverrai, je te raconterai les histoires heureuses
des printemps passés.

ŚŌKAMŌHA BHAYĀPAHĒ

Śōkamōha bhayāpahē śiva -
vāmabhāga nivāsitē
nāma rūpa vivarjitē śrita -
lōka pālana tatparē

O Dévi, debout à la gauche de Shiva, Tu anéantis le chagrin et la peur ; Tu n'as ni nom ni forme ; Tu protèges avec ardeur ceux qui cherchent refuge sous Ton aile !

Sōmabimba samānanē jita
pārijāta padāmbujē
hāranūpura maṇḍitē hara
pāpabhāram akhaṇḍitē

Ton visage resplendit comme la lune et Tes pieds de lotus surpassent en beauté la fleur parijata ! Tu es parée de guirlandes et de bracelets de cheville.
Tu nous délivres du fardeau de nos péchés !

Chandraśēkhara vallabhē jaya
bhanḍadaitya kulāntakē
bhaktamānasa hamsikē nija -
bhaktavṛnda niṣēvitē

O Épousé de Chandrashekar (Shiva qui porte le croissant de lune dans sa chevelure), gloire à Toi ! Tu as anéanti le démon Bhanda et toute sa lignée. Tu es le Cygne qui demeure dans le lac manasa, (le mental des dévots) !
Déesse que les dévots vénèrent éternellement !

Āmayākhila nāśanē jaya
vārijāyata lōchanē
amba chinmayavigrahē kuru
mamgalam bhuvi mamgalē!

Gloire à la Déesse qui met fin à toutes les afflictions, à Celle dont les yeux ont la forme des pétales du lotus.
O Mère, Incarnation de la pure Connaissance, Déesse bienfaisante, fais que tout en ce monde devienne propice.

ŚṚĪ KṚṢṆĀ ŚṚĪ HARI KṚṢṆĀ

Śṛī kṛṣṇā śṛī hari kṛṣṇā
Gōvinda nandamukundā
gōpi lōlā gōpakumārā
vṛndāvana lōlā kṛṣṇā
nandalālā navanitachōrā bālā gōpālā
kṛṣṇā vēṇugōpālā
Sri Krishna, Seigneur des vaches, Fils de Nanda,

Toi qui accordes la libération, Bien-aimé de Radha,
né d'une famille de bouviers, enfant chéri de Vrindavan,
petit voleur de beurre, petit pâtre qui joue de la flûte.

Gvāline saba dūra gayī hē
kānhā hamkō bhūkha lagī hē
āvō kṛṣṇā chupkē chupkē
mākhana hē khānā
nandalālā navanita chōrā bālā gōpālā
kṛṣṇā vēṇugōpālā

Les troupeaux sont partis bien loin, O Krishna, nous avons faim,
O Krishna, viens, nous avons du beurre à T'offrir, O fils de Nanda,
petit voleur de beurre, petit pâtre qui joue de la flûte

Gōpiyā tujhē ḍūṇda rahī hē
raha tērī dēkha rahī hē
dhūm machānē rāsa racānē
ājāvō kānhā
nandalālā navanita chōrā bālā gōpālā
kṛṣṇā vēṇugōpālā

Les gopis Te cherchent et T'attendent. Viens, O Krishna,
célébrons et dansons la rasa. O Fils de Nanda, petit voleur
de beurre, petit pâtre qui joue de la flûte.

Tērē samgjō bītē hara kṣaṇa
kardē mērē mana kō pāvana
tērī līlāvōm kā varṇṇana
kaisē karūm kānhā
nandalālā navanita chōrā bālā gōpālā
kṛṣṇā vēṇugōpālā

Chaque instant passé en Ta compagnie purifie mon cœur et mon esprit. Comment pourrais-je narrer les histoires de Tes jeux divins ? O Fils de Nanda, petit voleur de beurre, petit pâtre qui joue de la flûte.

ŚRĪ RĀMA JAYA RĀMA DĀŚARATHĒ

Śrī rāma jaya rāma dāśarathē śrī raghu rāma

Gloire au Seigneur Rama, Fils de Dasaratha, né dans le clan des Raghus.

Kalyāna rāma kōdanda rāma
sītā rāma śrī raghu rāma

Celui qui accorde tout ce qui est bon et propice, armé de son arc, né dans le clan des Raghus.

Rām jay rām śrī rām jaya rām
śrī rāma jaya rāma sītā rāma

ŚUBHRA SARŌRUHA NILAYĒ DĒVI

Śubhra sarōruha nilayē dēvi
amṛtānandamayī jay mā jay mā
vīṇā pustakadhāri sarasvati amṛtānandamayī
mātā amṛtānandamayī jay mā jay mā

O Mère de la Béatitude immortelle, O Lumière pure et vive qui jaillit d'un lotus, gloire à Mère. Sous l'aspect de Sarasvati, Déesse de la connaissance, Tu portes le livre de la connaissance (les Védas) et Ton instrument, la vina.

Sakala kalāmayī sarasijanayanē amṛtānandamayī
śvētāmbaradhara sundara rūpē amṛtānandamayī
ōm mātā amṛtānandamayī jay mā jay mā

Tous les arts sont contenus en Toi. Vêtue de blanc immaculé, Tu es la Beauté même. Gloire à Toi, Mère de la Béatitude immortelle.

Gāna vilōlē nāda śarīrē amṛtānandamayī
kāvyālāpa vinōdini jananī amṛtānandamayī
ōm mātā amṛtānandamayī jay mā jay mā

Ton corps vibre de musique, Mère des récitals poétiques. Gloire à Toi, Mère de la Béatitude immortelle.

Vidyā dāyini viśva vimōhini amṛtānandamayī
vijaya vara prada karuṇā vāhini amṛtānandamayī
ōm mātā amṛtānandamayī jay mā jay mā

C'est Toi qui accordes la Connaissance, Ton charme captive l'univers entier. Tu nous accordes la victoire (la Réalisation) et répands sur tous Ta compassion. Gloire à Toi, Mère de la Béatitude immortelle.

**Vidhiśiva vinutē śāśvata sukhadē amṛtānandamayī
śyāmala varṇṇē śārada mātē amṛtānandamayī
ōm mātā amṛtānandamayī jay mā jay mā**

C'est Toi qui accomplis les actions de Shiva, Tu accordes la Béatitude absolue. O Mère au teint sombre,
Mère de la connaissance (Sharada).
Gloire à Toi, Mère de la Béatitude immortelle.

SVĪKARICHĪṬU MAMA MĀNASA PŪJA

**Svīkarichīṭu mama mānasa pūja
saumye sadāśivē sarvvārtthasārē
sāmōdam sāyujyamēkunōrammē
sāmrājyalakṣmī namastē namastē**

Daigne accepter la puja (rituel d'adoration) de mon cœur, O Mère si douce qui accorde ce qui est bon, Essence de tout ce que nous recherchons.
Nous nous prosternons, O Mère, Déesse de la prospérité, devant Toi qui nous donne avec joie la libération.

**Pakalōnte karavalli tazhukātta puṣpam
pavanan vanolikaṇṇāl kavarātta puṣpam
makarandavṛndam nukarātta puṣpam
manamāṇatennum praphullamām puṣpam**

Un cœur pleinement épanoui est une fleur que ne caressent pas les rayons du soleil, une fleur que le vent ne vole pas, une fleur que les abeilles ne butinent pas.

Kāmattin karalēśam patiyātta chīttam
krōdhattin jvāla vamiykkātta chittam
rāgattāl taruṇiykkāyēkātta chittam
rājēśvarī nityam kuṭikollunnāru chittam

C'est un cœur qu'aucun désir ne vient entacher, qui ignore
les flammes de la colère, qui ne s'est jamais épris d'une femme
et dans lequel réside constamment l'Impératrice de l'univers.

Nirajīvitasāphalyamēkunna chittam
parabhāvukamēttam kotiykkunna chittam
niragunna pariśuddha snēhattin chittam
niramālikapōlambika chārttunna chittam

C'est un cœur qui mène à la Plénitude, qui aspire
au bien-être d'autrui, rempli d'amour pur, un cœur
dont la Mère divine se pare comme d'une guirlande de fleurs.

Tikavuttaśakti ninnullil tannuṇṭe
nilatettiyalayāte mama mānasamē nī
dhīratayāy munnēruka lakṣyattilēykka
svārtthatapōy marayumbōl jagadambikayēttum

O mon esprit, la Puissance suprême demeure en toi.
Avance hardiment vers le but, sans errer vainement.
Quand l'égoïsme disparaît,
la Mère de l'univers révèle en nous Sa présence.

Sarvvārppaṇabōdham nilanilkkunnuṇṭeviṭe
garvvaṇgalakannīṭina śāntātmāvaviṭe
niruvachanātīta viśuddhamā jyōti
sarvēśvarī nṛttam cheyyunnuṇṭaṇgaviṭe

Quand l'abandon de soi est total, l'âme est en paix,
libre de toute vanité. Une Lumière incroyable y brille.
Dans une telle âme, la Mère divine danse.

Nī tanne ñānennabōdham valarnnāl
nityānandābdhiyil nīntikkaliykkām
nērāya jñānam paripūrṇṇamāyāl
nāviludiykkum śivō 'ham śivō 'ham

Quand la certitude « je ne suis pas différent de Toi » s'établit en nous, on peut alors baigner dans l'océan de la béatitude éternelle.
Quand on accède à l'expérience de la Connaissance, alors spontanément, nos lèvres répètent le mantra « Je suis Shiva ».

TAKUTIYILLĀ

Takutiyillā enakkum oru takuti vantatu
tāyuntan pillaiyenum uyarvu vantatu
mikutiyillai en sollil mikayumillayē
mēnmai nirai tāyunakku nānum pillayē

L'être indigne que j'étais a retrouvé sa dignité en devenant Ton fils.
Mes paroles ne sont ni exagérées ni inexactes.
Ma Mère glorieuse, même moi, je suis devenu Ton fils.

Naṭantavayum naṭappavayum unarantaval nīyē
nālai enna naṭakkum ena arindaval nīyē
enna tavam nān cheytu inku vandēnō
un kayil pilaiyena initirundēnō

Tu connais le passé et le présent dans leurs moindres détails.
Tu connais également l'avenir. J'ignore quelles austérités j'ai pu faire jadis pour que Tu me prennes ainsi dans Tes bras.

Karuvirkku uyir tanta kāliyum nī tān - en
kavitaikku porul tanta dēviyum nī tān
unarvukkul kalantirukkum uṇmaiyum nī tān
ūmai entan kuralāka olittaval nī tān

O Mère, Tu es Kali, qui insuffle la vie au fœtus dans le sein maternel. Mère divine, c'est Toi qui donnes un sens à ma poésie ; Tu es la Conscience qui anime mon esprit,
Tu es la voix de cet enfant muet.

Annaiyuntan anpinil nān - aṭaikkalamānēn
ādiyantamatra unil aṭaikkalamānēn
śaraṇam untan pādam en aṭaikkalamānēn
sarvamum unakkena nān arppaṇamānēn

O Mère, je prends refuge en Ton amour divin. Je prends refuge en Toi qui es sans commencement ni fin.
Ayant tout offert, je prends refuge à Tes pieds sacrés.

Vallamai tārāyō lalitēśvarī
vāzhttiṭuvōm un padamē jagadīśvarī
lalitēśvarī amma jagadīśvarī
lalitēśvarī amma jagadīśvarī

O Mère Laliteshvari, accorde-moi la force de triompher (de l'ego), O Impératrice de l'univers, je vénère Tes pieds sacrés.

TAPTA MĀNASAM

Tapta mānasam ullilēntūm
dukha sāgaramente svantam
prēma sāgara rājñi nīyenn
ammayallennōtiṭallē
sarva lōka vidāyini enn
ammayallennōtiṭallē

En mon cœur mugit le vaste océan du chagrin. O Reine de l'Amour infini, inconditionnel, Souveraine de l'univers, je T'en prie, ne me dis pas que Tu n'es pas ma mère.

Munnamētoru janmam onnil
ventunīriya vēnalonnil
nin kaṭākṣamaṇaññiṭān ñān
ninnatāmoru pulkurunnāy

Dans une vie passée, il y a bien longtemps,
je n'étais qu'un petit brin d'herbe,
flétri par le soleil brûlant. C'est ainsi que j'ai langui,
assoiffé, de Ton regard compatissant.

Annu ninmizhi peyta pūmazha
ente karmmam arutta tāvām
puṇya pādamaṇaññitān ñān
pinne janmam eṭutta tāvām

Venu de Ton regard, le flot de la grâce, tel une pluie de fleurs,
a sans doute alors coupé les chaînes de mon karma.
C'est ainsi que dans cette vie, je suis arrivé à Tes pieds sacrés.

Svapna tulya prapañcha nāṭaka
hrasvavēdi paṅiñña tonnil
cholliyā ṭuvatinne nikkāy
vanna bhāgamitāyirikkām

Telle est peut-être ma destinée, ce drame universel éphémère
dans lequel je suis appelé à jouer un rôle et qui paraît un songe.

Satyamānasa saukya rūpiṇi
nityamen hṛdi tūkitunnorī
anpozhiññi vanillorāśrayam
śarmade śubhavigrahē

O Mère, Tu es Vérité et Joie ; la compassion dont Tu irrigues constamment mon cœur est mon seul et unique refuge.
Que Ta forme est gracieuse,
O Mère au noble cœur ! Tu es la Source du bonheur !

TARUMŪLA NIVĀSINAM – (ŚIVA PAÑCAKAM)

Tarumūla nivāsinam ādhiharam
taruṇārkka suśōbhana chārumukham
nikhilāgama śāstra vibōdhakaram
praṇamāmi śivam sakalārttiharam

Je me prosterne devant Shiva qui vit au pied d'un arbre, Lui qui détruit toute angoisse et dont le visage magnifique resplendit comme le soleil levant, insufflant la Connaissance de toutes les Écritures sacrées. Je me prosterne devant Shiva qui abolit toute souffrance.

Gaganāmbaravītam atītaguṇam
gajacharmadharam hatadaityakulam
bhuvanatraya pālanadakṣam ajam
kalayāmi śivam sakalārttiharam

Vêtu de ciel, transcendant les attributs de la pluralité, paré d'une peau d'éléphant, Shiva anéantit les démons et protège les trois mondes. Je médite sur Shiva, qui n'est jamais né, Lui qui abolit le chagrin.

Pramathādigaṇairaniśam vinutam
praṇavārṇava madhyaga ratnavaram
mukhapamkaja nirjita chandramasam
pranamāmi śivam praṇatārttiharam

Shiva, Toi devant qui les Pramathas (groupe d'adorateurs de Shiva) et les autres se prosternent humblement, Joyau précieux au centre de l'océan du pranava mantra (le son Om), Shiva dont le visage splendide fait pâlir la lune, je me prosterne devant le Seigneur Shiva, Lui qui chasse la souffrance du cœur qui s'ouvre à Lui.

Hathayōga parōttamam ātmavidam
tapanōḍupalōchanam agrabhavam
garuḍadhvaja sēvita pādayugam
kalayāmi śivam sakalārttiharam

Shiva est aussi le Maître suprême du hatha yoga, Il connaît le Soi. Ses trois yeux sont le Feu, le Soleil et la Lune ; au commencement, Lui seul existait et Ses pieds sont vénérés par le Seigneur Vishnu.
Je médite sur Shiva qui abolit la souffrance.

Jaya śamkara śam kuru sarvagata
mama samkaṭanāśana pāhi śiva
yamasannutavaibhava bhīma bhaga
śamayākhiladukham anīśa bhava

Gloire à Shiva dont les actes sont bénéfiques, à Celui qui est omniprésent. Yama, le dieu de la mort, s'incline devant Ta gloire. O Seigneur Shiva, Tu apaises tous les chagrins.

TĀY IRUKKA PILLAI

Tāy irukka pillai nōkalāma un
dayavirukka makkal vāṭalāmā ammā
nī irukka nānum varuntalāmā unnai
ninaittiṭum ullam kalankalāmā

Faut-il que les enfants souffrent alors qu'ils ont une Mère ? Malgré Ta compassion, faut-il que Tes enfants dépérissent ? Malgré Ton existence, pourquoi suis-je triste ? Le mental qui se concentre sur Toi, pourquoi est-il aussi troublé ?

Uyirukka uyirāy nirkkum bhagavatiyē
ullakkōvil vāzhum ōmkāra rūpiniyē
payirukku nīrāgi pāyntē varuvāy ni
pārkkum iṭamellām niraintē iruppāy

O Bhagavati, Essence de la vie, Tu demeures dans le temple du cœur. Incarnation de l'omkara. Comme la pluie tombe sur les champs, daigne nous apporter la vie. Tu imprègnes tout l'univers, tout ce que nous voyons.

Madankamuni kaṇiyē madhura bhāṣiṇiyē
mantriṇi ākavanta madhurai mīnākṣi
udaviṭavē varuvāy tiripura sundariyē
orunālum maravēn unnai purantariyē

O Bien-aimée du sage Madanga, Déesse aux douces paroles, Tu connais tous les mantras. Déesse Minakshi de Madurai, viens à mon aide. Beauté sans pareille dans les trois mondes, je ne peux T'oublier, O Purandari.

TIRAYUNNU ÑĀN NINNE

Tirayunnu ñān ninne avirāmamen
hṛttil uyarunna tirakalil marayunnu nī
tiranīṅgiyen chitta jaladhiyil nin mugḍa
vadanam vilaṅgaṇē vimalāmbikē amṛtāmbikē

Je Te cherche, Toi l'Eternelle. Les vagues (de pensées) qui agitent mon esprit voilent Ta présence. Puissent-elles toutes s'apaiser ; puisse le lac de mon mental refléter Ton visage enchanteur.

Anupadam kōrkkunnu padamālyajālaṅgal
amṛtēśvarī ninne aṇiyikkuvān
nirayum padāvalakkakamē padārtthamāy
maravunnu nī nityam abhayāmbikē amṛtāmbikē

J'enfile une à une les perles de ma poésie, afin de Te l'offrir comme une guirlande, O Déesse impérissable. Tu es le sujet de tous mes chants, Toi qui nous délivres de la peur.

Smṛti maṇḍhalattilēkk uyaravē vismṛti
poḍimūḍi māyunnitātma bōdham
mṛti pūkiṭum mumba mama hṛttiluyarēṇam
amarārchitē mātā mahitātmikē amṛtāmbikē

A chaque instant, le monde de mes souvenirs est assailli par l'oubli.
Ma conscience du Soi (atman) est recouverte de terre et de poussière.
Avant que la mort ne vienne me faucher, O Mère, révèle-Toi dans mon cœur, Toi que célèbrent les dieux et les hommes.

Amṛtābdhiyām ninnilaliyān kotikkunna
himabindu vāṇivan amalāmbikē
layakāriṇi ennilalavēkaṇē sadā
sakalārttha sādhikē lalitāmbikē amṛtāmbikē

Tu es l'Océan de nectar et ce petit flocon de neige aspire à se fondre en Toi. O pure Déesse en qui tout se dissout, Toi qui exauces tous les désirs, daigne m'accorder cela, O Mère Lalita.

TIRUMUKHA DARŚANAM

Tirumukha darśanam kaṇṭēn kāli
tiruvaṭi tāmarai paṇindēn

oru mukhamākavē unpukazh nānpāṭa
tirumukham kāṭṭiyē dēvi nī āṭa
kāli mahēśvarī amṛtēśvarī

O grande Déesse Kali ! Je vois Ton visage divin
et je me prosterne à Tes pieds de lotus. Je chante Tes louanges
avec dévotion et Tu danses, révélant Ta forme magnifique.

Pullukkum nīralikkum ponnarasi nīyanṭrō
puvitannil uyirellām pōttumtāy nīyanṭrō
nellukkul maṇiyāka irupatu un kanivanṭrō
neñchattil uyirāka nilaippatu un azhakanṭrō

O Grande Mère, tout est en Toi. Tu es la Source de vie
du moindre brin d'herbe, la Mère que tous les êtres louent,
le riz dans son enveloppe est le fruit de Ta miséricorde.
C'est Ta beauté qui irrigue le cœur et lui donne vie.

Chalamkai oliyālē chañchalamkal tīrttiṭuvāy
sathiya vākkatināl achamē pōkkiṭuvāy
kalamkum idayattin kavalaikal pōkkiṭuvāy
karuṇai mazhaiyāka gamgaiyāy pozhindiṭuvāy

Le tintement de Tes bracelets de cheville suffit à faire cesser
les oscillations du mental. Tes paroles apaisantes libèrent de la peur.
Daigne répandre sur moi Ta grâce, pareille au Gange,
et délivrer ce cœur de la souffrance.

TŪNKA KARIMUKATTHU

Tūnka karimukatthu tūmaṇiyē
tūyavar manam nirai māmaṇiyē
māsukal nīnga manam enilum
maravātunnai tudippōmē

O Ganesh, Seigneur au visage d'éléphant, O Dieu suprême et immaculé, Tu résides tel un joyau précieux dans les cœurs purs. Bien que mon mental ne soit pas pur, je n'oublie pas de chanter Ta gloire.

Unnai vaṇankāmal yārēnum
oru seyalēnum tuvankuvarō
anpāy sirupul alittālum
anaittum vazhankum ganapathiyē

Dieu paré d'un visage d'éléphant, Tu accordes tout à ceux qui T'offrent avec amour le moindre brin d'herbe.
Qui pourrait entreprendre quoi que ce soit sans tout d'abord T'adorer ?

Paṭṭatupōtum ivvulakil nī
parivāy vantāl pizhaittiṭuvōm
perumānē un nōkkiruntāl
noṭiyil nargati vantiṭumē

J'ai assez souffert en ce monde, seule Ta grâce peut me sauver.
Quand Tu me béniras d'un regard rempli de Ta grâce, je serai aussitôt libéré.

Valliyai mirala chetadhu pol
yengalai mirala cheyyamal
inidhe kuraigal kalainthu yemakku
innarul purivay ganapathiye

Je T'en prie, ne m'effraye pas comme Tu as effrayé Valli, la sainte épouse du dieu Muruga. O Seigneur Ganapati, avec amour, libère-nous de nos défauts et répands sur nous Ta grâce.

TYĀGA DIYĀ TŪNĒ

**Tyāga diyā tūnē vraja kō giridhāra
bani mathurā tujhē pyāri rē
kal tak jō thī pyāri rādhā
āja bani kyōm parāyī rē**

O Giridhara, Tu as quitté Vrindavan. Tu préfères maintenant Mathura.
N'étais-je pas hier encore Ton « aimée » ? Comment se fait-il alors qu'aujourd'hui, je sois pour Toi une étrangère ?

**Nisa dina tōḍī dahi kī maṭkī
tōḍa diyā āj dil kō rē
tērē liyē saba khēl hē giridhār
dukha na jānī mōrī rē**

Chaque jour Tu cassais des pots de beurre et maintenant
Tu m'as brisé le cœur ; quelle différence à Tes yeux ?
Tout cela n'est qu'un jeu pour Toi ; Tu ignores ma douleur !

**Hē giridhārī hē avatārī
rādhā hṛdayavihārī**

Toi qui as soulevé la montagne, Tu demeures dans le cœur de Radha.

**Nirmmōhī jō tum hō giridhāra
vraja kī yād na āyēgī
prāṇa nāth jō tum hō mērē
rādhā jī nahi pāyēgī**

Tu es détaché de tout, Tu n'auras donc peut-être pas
la moindre pensée pour Vrindavan. O, Seigneur de ma vie,
Radha ne peut plus vivre sans T'avoir à ses côtés.

Jaba chūṭē mērē prāṇa hē giridhāra
apnī muralī bajānā rē
muralī dhunkī dhārā mē prabhu
miṭa jāyē tērī rādhā rē

Au moins lorsque je rendrai mon dernier souffle, O Giridhari,
je T'en prie, viens jouer de la flûte. Que Radha,
dans le flot des mélodies de Ta flûte, se fonde en Toi.

UṆṆUM SŌRUM

Uṇṇum sōrum parukum nīrum
uyirkkum kkātum uraiyum nilamum
yāre tantatu namakku yāre tantatu
ādi antam ētum illā annai tantatu
Amṛtamāna ānandamayī
annai tantatu namakku annai tantatu

La nourriture que nous mangeons, l'eau que nous buvons,
l'air que nous respirons, la terre où nous vivons,
qui nous les a donnés ? C'est Mère,
Celle qui n'a ni commencement
ni fin, notre Mère de la Béatitude éternelle.

Kāli mātē amṛtēśvarī
jagan mātē amṛtēśvarī
jagadīśvarī, bhuvanēśvarī

O Mère Kali, Déesse immortelle, Mère du monde.

Āviyākkai jñāna kalaikal
nāvil pāṭum nādam ellām
yār tantatu namakku yār tantatu
kamalam ēvum tiruvāy vanta
annai tantatu

amṛtamāna ānandamayī
annai tantatu namakku annai tantatu

L'art pour le mental et la sagesse pour l'âme, les notes de musique que chante notre langue, qui nous les a donnés ? La Déesse assise sur un lotus, la Mère de la Béatitude éternelle, c'est Elle qui nous a fait ce don.

Kadirum nilavum vānil varavē
kazhani śezhikka mazhayai inkē
yār tantatu namakku yār tantatu
kaiyyil vālum śulam koṇṭa
annai tantatu
amṛtamāna ānandamayī
annai tantatu namakku annai tantatu

Le lever du soleil et la lune brillante qui illuminent le monde, les richesses des moissons nourries par la pluie, qui nous les a donnés ?
La mère qui tient l'épée et le trident, la Mère de la béatitude éternelle, c'est Elle qui nous a fait ce don.

UN VĀSAL TĒṬI

Un vāsal tēṭi vantēn karpakamē
en vāsal nāṭi vantiṭuvāy ammā

Je cherche partout la porte qui mène à Toi, O Mère,
je T'en prie, cherche celle qui mène à moi.

Munnālil ennenna pāvaṅgal cheytēnō
mukkaṇṇi ennai kākka ōṭōṭi varuvāyē

O Déesse aux trois yeux, daigne me protéger
de tous les péchés que j'ai commis dans le passé.

Anna vāhanattil ambikayē nī varuvāy
anu dinamum enakku arulmāri nī pozhivāy
unniru padamalar ōmkāri nī taruvāy
unaiye nambinēn umaiyaval kāttiṭuvāy

O Mère, chaque jour, montée sur un cygne, Tu viens répandre sur moi la pluie de Ta compassion. Donne-moi refuge à Tes pieds de lotus. O Source de la syllabe Om, je place en Toi ma foi. O Déesse Uma, protège-moi.

Petra thai ennai pēdalikka viṭuvāyā
pērarulai mayilai perumāṭṭi taruvāyē
karpaka malarē kāttiṭa viraivāyē
kapāli manam makizhum karuṇā sāgariyē

Tu es ma vraie Mère, me laisseras-Tu souffrir ainsi ?
O Dévi de Mylapore, accorde-moi la grâce suprême.
O Fleur de l'arbre qui exauce les désirs, daigne assurer notre protection. Océan de compassion, Tu fais le bonheur de Shiva.

VĀGADHĪŚVARĪ

Vāgadhīśvarī śāradē varadāyinī
chatur vēdarūpiṇi vāṅmayī amṛtēśvarī

O Déesse Sharada (Sarasvati), Déesse de la parole,
Toi qui accordes des faveurs, Tu es la Personnification des quatre Védas et l'Essence du son, O Déesse immortelle.

Dēvā dēvā manōharī danujāntakī
śata kōṭibāla divākarō jvalarūpinī

Tu captives le cœur du roi des dieux, Tu anéantis les démons,
Ta forme radieuse a l'éclat d'un million de soleils levants.

Nāma kīrttana lōlupē sura pūjitē
śuka nāradā dibhirarchitē natapālikē

Tu aimes les chants dévotionnels, Toi que vénèrent les êtres célestes et qu'adorent les sages tels que Narada et Shiva. Tu protèges ceux qui implorent Ta bénédiction.

Chaṇḍā muṇḍa niṣūdinī raṇa chaṇḍikē
jaya samkarāṅga nivāsinī lalitāmbikē

Tu as anéanti les démons Chanda et Munda,
sur le champ de bataille Tu es devenue la déesse Chandika.
Mère Lalita, gloire à Toi, assise sur les genoux de Shiva.

Śumbha daitya vināśinī śivarañjini
bhava bhīti bhañjini dēhimē karunāmṛtam

Tu as triomphé du démon Sumba, Tu ravis Shiva,
Tu nous délivres de la peur associée à l'existence en ce monde ;
daigne m'accorder le nectar de Ta compassion.

Mamgalam tava chintanam jagadambikē
mama vandanam padapamkajē bhuvanāmbikē [amṛtēśvarī]

Quand le mental est fixé sur Toi, tout devient propice,
O Mère de l'univers. Je salue Tes pieds bénis,
O Mère du monde. [O Déesse immortelle]

VĀṆI SARASVATI

Vāṇi sarasvati vaiśambāyani
vāgbhaṭa śundarī nāmō namaḥ
dhavalām baradhara vēda svarūpiṇi
mangala kāriṇi namō namaḥ

Sarasvati, Déesse de la parole, Compagne de Brahma, belle Déesse qui gouverne les mots, je Te salue. Tu es vêtue de blanc immaculé. Incarnation de la connaissance védique, Source de ce qui est propice, je Te salue !

Vīṇābhūṣaṇa tatpatarañchita
gānamahēśvarī namō namaḥ
pāpavināśini prēmasvarūpiṇi
manalayaśāntini namō namaḥ

Déesse suprême, Tu aimes jouer de douces mélodies sur Ta vina. Toi qui détruis le péché, Essence de l'amour, Tu apportes la paix en dissolvant le mental agité, je Te salue !

Samkaṭahāriṇi satgatidāyini
āśritarakṣaki namō namaḥ
vidyā dāyini vimala svarūpiṇi
nirmala gāyaki namō namaḥ

Tu mets fin à toutes les souffrances et nous accordes le salut. Protectrice de ceux qui prennent refuge en Toi, Tu donnes la connaissance et Tu es la pureté même. Ton chant est pur, il est divin ; je Te salue.

Sūndara śrūtilaya gītavihāriṇi
śrī vimalāmbikē namō namaḥ
amalē vimalē ānanda rūpiṇi
dēvi sarasvati namō namaḥ

O Mère qui compose de belles mélodies, Tu es pure et sans défaut, O Béatitude, Déesse Sarasvati, je Te salue !

Jaya jaya dēvi vidyā dāyini
dūkha nivāriṇi vāgdēvi

Gloire à Dévi qui accorde la Connaissance, mettant fin à la souffrance, Gloire à la Déesse de la parole.

VARDĒ MĀTĀ JAGADAMBĒ MĀTĀ

Vardē mātā jagadambē mātā
bhakti kā dān dē mā
prēma kā dān dē mā
tērī kṛpā hō ham pē mātā
vardē mātā

Accorde-nous une faveur, O Mère de l'univers.
Donne-nous la dévotion, donne-nous l'amour divin.
O Mère, puisse Ta grâce être toujours avec nous,
O accorde-nous une faveur.

Dāsa mē tērē charaṇō kā
mērē prāṇa bhī tūhī mātē

Je suis le serviteur de Tes pieds sacrés. Tu es ma vie.

Mā tērē jaisā tō kōyī nahi
prēmamayī karunāmayī
śatakōṭi praṇām charaṇōm mē
vardē mātā

O Mère sans pareille, O Incarnation de l'amour,
Incarnation de la compassion je me prosterne
à Tes pieds des millions de fois.

Jisanēbhī mātā tujhakō pukārā
saba sankaṭa dūr usnē pāyā
jō tērē darbāra mē āyā
manamē śānti tūnē jagāyā

Celui qui T'appelle voit bientôt disparaître tous ses problèmes.
O Mère, Tu éveilles la paix éternelle dans le cœur de celui
qui atteint Ta divine présence.

Mā tērē jaisā tō kōyī nahi
prēmamayī karunāmayī
śatakōṭi praṇām charaṇōm mē
vardē mātā

O Mère sans pareille, O Incarnation de l'amour, Incarnation de la compassion, je me prosterne à Tes pieds des millions de fois.

VARDĒ VARDĒ JAYA VARDĒ

Vardē vardē jaya vardē
jaya jaya jaya śubha vardē

O accorde-nous une faveur, gloire à Celle qui est propice.

Jaya jananī śubha mamgala kāriṇi
saṅkaṭa hariṇī vardē
śaraṇam jananī tava pada śaraṇam
amṛtapurēśvarī vardē
śyāmala kōmala rūpiṇī mātē
rājēśvarī śrī vardē
pārvatī pāvanī pāpa vināśinī
rāmēśvarī śrī vardē

Gloire à la Mère, Source de ce qui est propice, gloire à Celle qui nous délivre de la souffrance; daigne nous accorder une faveur.
O Mère, je prends refuge à Tes pieds sacrés, O Déesse d'Amritapuri, accorde-nous une faveur.
O Mère au teint sombre, à la beauté immaculée,
O Rajeshvari, accorde-nous une faveur.
O Déesse Parvati, si pure, Toi qui effaces tous les péchés,
Rameshvari, accorde-nous une faveur.

Janamana hāriṇī śrīkari rādhē
karuṇā lōlē vardē
naṭana manōhari natajana pālinī
śrī lalitē śiva vardē
mṛdu mṛdu hāsinī mañjula bhāṣiṇi
manasukha dāyinī vardē
manalaya kāriṇī mama hṛdi vāsinī
mama jananī jaya vardē

Toi qui dérobes les cœurs et accomplis des actions propices, O Radha, si pleine de compassion, accorde-nous une faveur. Tu protèges tous les êtres, Ta danse est un enchantement, O Sri Lalita, accorde-nous une faveur.
Doux est Ton sourire, douces sont Tes paroles ; Toi qui donnes la paix intérieure, accorde-nous une faveur. Tu es la cause de la dissolution du mental, Tu demeures en mon cœur, O ma Mère, accorde-nous une faveur.

VARUVĀNAMĀNTRAM

Varuvānamāntram innenten ambikē
paitalin rōdanam kēlkkāññatō
piṭayunnu hṛdayam ninnuṭe vērpāṭil
takarunnu ñān talarunnu

Pourquoi tardes-Tu à venir, Mère ? N'entends-Tu pas les appels de ce pauvre enfant ? Cette séparation me brise le cœur, je m'effondre.

Ēkāntatayil ērunna chintayil
eriyunnu ñān piṭayunnu
viṅgumen hṛttil nin pratīkṣa tan kiraṇaṅgal
maṅgunu ñān kēzhunnu

Bien que je sois seul, mes pensées augmentent.
Je brûle et je me débats. Dans mon cœur rongé de chagrin,
les rayons d'espoir faiblissent, l'angoisse s'accroît.

Vaikarutammē ī kuññine kāttiṭān
ullil teliyukenn ammē
ente ī janmattin sāphalyam ennennum
nī tanne ammē nī tanne

Ne tarde pas, O Mère, à sauver Ton enfant. Daigne briller
dans mon cœur. Tu es à jamais l'âme de ma vie.

VARUVĀY VARUVĀY GAṆAPATIYĒ

Varuvāy varuvāy gaṇapatiyē
valamai taruvāy guṇanidhiyē
iruvinai tannai nīkkiṭuvāy
iṭarkalai pōkki nalam taruvāy

Viens, viens, O Ganapathi ! Accorde-nous la prospérité,
O Trésor de bonté; libère-nous des chaînes de nos actes passés.
Ecartant tous les obstacles, donne-nous tout ce qui est bon.

Śaktiyin makanām aiṅkaran nī
chañchalam tīrttiṭum śaṅkaran sēy
vittakan nīyē vimalanum nīyē
veṭṭriyai tandiṭa vandiṭuvāy

O Fils de Shakti aux cinq mains, Fils de Shiva,
Tu mets fin à toute agitation, Tu es le Créateur,
Tu es pur, viens nous accorder la victoire.

Akamum puramum iruppavanē
aṭiyavar tuyartanai tīrppavanē
mamgala nāyakā mānava sēvitā
malarppadam maravā varam taruvāy

O Dieu omniprésent, Tu libères Tes dévots de leurs souffrances,
O Seigneur rend tout propice, Toi que servent tous les humains,
accorde-nous la faveur de ne pas oublier Tes pieds de lotus.

VEṆṆAI UṆDA VĀYINĀL

Rādhē kṛṣṇā rādhē kṛṣṇā
rādhē kṛṣṇā rādhē śyām (2x)
rādhē kṛṣṇā rādhē śyām

Veṇṇai uṇda vāyināl
maṇṇai uṇda mannanē
unnaiyuṇṇa eṇṇināl
eṇṇai uṇda kaṇṇanē
gōpiyarkal tannuṭan
koñji vilayādināy
pāpiyarkal tannayum
gōpiyarkal ākkināy

O Kanna, Tu as mangé du beurre, puis du sable,
Tu as mis tout cela dans Ta bouche. Si j'essaye de Te posséder, en réalité, c'est Toi qui me possèdes. Toi qui jouais avec les gopis, Tu as même transformé de grands pécheurs en gopis

Muttuppādal mālaikal
mukundanukku chūduvēn
muttumazhai pozhintoru
mona nilai kāṭṭuvāy
bhaktar pādum gītam kēṭṭu
paravaśattil muzhkuvāy
pārttu makizhum nānum unthan
parama padam kāṇuvēn

Autour du cou de Mukunda, je passerai la guirlande de mes chants.
Répands sur moi Ta grâce et bénis-moi, afin que je puisse connaître l'état ultime de silence.
Le chant des dévots Te plonge en extase et en voyant cette forme extatique, débordant de joie, j'atteindrai Tes pieds sacrés.

Kaṇkal pēśum vārttayil
karuṇai neñjam puriyudē
kaṇṇan kuzhal kēṭkayil
kaṇkal mazhai pozhiyudē
kala kala ennum sirippināl
garvamellām azhiyudē
karankal tarum aṇaippināl
kavalai ellām marayudē

Tes yeux gracieux expriment la compassion qui règne dans Ton cœur. Mes yeux versent des larmes au son de Ta flûte. La musique de Ton rire anéantit mon orgueil et Ton étreinte fait s'évanouir tous mes chagrins.

Azhagu kaṇṇā en manam
un āyarppādi allavā
ādippādi kalikkalām
anpudanē nīyum vā
nandan unnil kalantida
prēma bhakti nalka vā
rādhākṛṣṇā sangamam
jīvan mukti allavā

O bel enfant Kanna, mon cœur n'est-il pas Ton Vrindavan ? Viens, jouons ensemble ! Accorde-moi la dévotion suprême pour que je me fonde en Toi. L'union de Radha et de Krishna (Radha: l'âme du dévot et Krishna : le Divin) n'est-elle pas la libération finale de l'âme individuelle ?

VĒṆU GŌPĀLĀ

Vēṇu gōpālā vēṇu gōpālā
nandakumārā navanīta chōrā
vēṇu gōpālā eṅkal bālagōpālā
yādavanē manamōhananē
mādhavanē paripūraṇanē

O Krishna, petit flûtiste, petit pâtre. Fils de Nanda, petit voleur de beurre, petit pâtre chéri. Tu fais partie du clan des Yadavas, Tu charmes nos cœurs, O Madhava, établi dans l'état de plénitude.

Nittiyammē nī nirguṇamē
nirmalamē nirai ānandamē
nittam ninpadam neñchil koṇṭu pāṭi tudittōm
kaṇṇā nintan nāmam cholli nāṅkal kalittōm
nīla mēgha varṇṇa nīyum ōṭi vā kaṇṇā
āyarkula mannā nīyum āṭivā kaṇṇā

O Toi l'Eternel sans attributs, Tu es pur, Tu es la Béatitude même.
Tes chants résonnent dans nos cœurs et nous dansons et chantons Tes louanges. O Kanna, nous jouons en répétant Tes noms divins. O Enfant au teint bleu-sombre comme les nuages, accours vers nous.
Héros parmi les pâtres, viens en dansant.

Pullāṅkuzhal isai ūtiṭa vārāy
puṇṇiyanē vazhi kāṭṭiṭa vārāy
pīli tavazhum tirumuṭi tannai patri piṭippōm
muttuppavala īthal tanilē oru muttam padippōm
gōpiyarkal ēṅku kindrōm ōṭi vā kaṇṇā
kaikal kōrttu āṭiṭuvōm āṭi vā kaṇṇā

Viens, joue sur Ta flûte de douces mélodies. Toi qui as tant de mérites, montre-nous le chemin. Nous languissons de voir Tes cheveux bouclés parés de la plume de paon et d'embrasser Tes joues rouges.
Il y a si longtemps que nous, les gopis, aspirons à Te voir. Nous danserons en Te tenant les mains, viens.

VIDHITĀKHILA

Vidhitākhila śāstra sudhājaladhē
mahitōpaniṣat kaphitārttha nidhē
hṛdayē kalayē vimalam charaṇam
bhava śamkari dēśikā mē śaraṇam
amṛtēśvarī dēśikā mē śaraṇam

Parmi les Maîtres, Tu es le meilleur, Tu connais les océans de nectar que sont les Ecritures, Tu es l'Essence des grandes vérités proclamées par les Upanishads. Je chéris constamment dans mon cœur la vision de Tes pieds sacrés. O Shankari, puisses-Tu être mon refuge, mon hâvre. Immortelle Déesse, sois mon unique refuge.

Viditā na mayā viṣadaika kalā
na cha kiñchana kāñjana masti gurō
data mēva vidēhi kṛpām sahajām
bhava śamkari dēśikā mē śaraṇam
amṛtēśvarī dēśikā mē śaraṇam

Je ne connais aucun art, je ne possède pas la moindre pièce d'or, daigne néanmoins m'accorder la grâce qui est Ta nature même, bénis-moi. Je m'abandonne à Toi, O Shankari, puisses-Tu être mon refuge, mon hâvre. Immortelle Déesse, sois mon unique refuge.

Śarīram svarūpam yathā vā kalatram
yaśaḥ chāru cittam dhanam mēru tulyam
gurō ramghri padmē manaśchēnna lagnam
tata kim manaśchēnna lagnam tataḥ kim

Beau nous paraît le corps et attirante l'épouse. Fussions-nous célèbre dans le monde entier, possédions-nous des richesses comparables au Mont Méru, si notre esprit n'est pas fixé sur les pieds de lotus du guru, à quoi sert tout cela ?

Ṣṭamgāti vēdō mukhē śāstram vidyā
kavitvādi gadyam suvatyam karōti
gurō ramghri patmē manaśchēnna lagnam
tata kim manaśchēnna lagnam tataḥ kim

Nous aurons beau connaître tous les Védas et maîtriser le corpus de toutes les sciences, pouvant en parler à loisir, de nos lèvres auront beau jaillir prose et poésie, si notre esprit n'est pas fixé sur les pieds de lotus du guru, à quoi sert tout cela ?

Jaya jaya dēvi jaganmayī nin pada
chinta hṛdanta vipañchitkayil
jaya jaya gītiyu tirttu kulirttu
jayikka sadāpati nirvṛtiyil

Gloire à Toi, O Déesse, Mère universelle ; puisse le souvenir constant de Ta forme faire jaillir des notes de musique sur la vina de mon cœur, rempli de béatitude.

Kanivōzhukum mizhi mañchu mṛdusmitam
amṛtoli vāṅmadhu māsmaranām
kara parilālana chumbana ātmana
kala vikalamba vimōhanamām

Tes regards débordants de compassion, Ton sourire tendre et charmant et Tes paroles douces comme le miel nous fascinent. Tes caresses, Tes baisers et Tes jeux divins sont enchanteurs.

VIṆṆAVAR PŌTRIṬUM

Viṇṇavar pōtriṭum vēdā
veṭṭri tantiṭum pāḍā
mannavar ṣaṇmukha nādā
mamgalam enṭrumē nītā

O Seigneur des Védas, les êtres célestes Te parent de bijoux, la vénération de Tes pieds sacrés apporte la victoire. O Shanmukha,
Dieu à six têtes, accorde à toutes les créatures terrestres ce qui est favorable.

Giridhanai pilanta vēlā
kīrtti umai bālā
karimukan tambiyām śīlā
karumāri vēlpeṭṭrā śūlā

Fils de la célèbre Déesse Uma, d'un coup de la lance offerte par la Déesse Karumari, Tu fendis la montagne, Frère cadet de Ganapati au teint sombre, O Incarnation de toutes les vertus.

Vēlavan tiruvaṭi tozhutāl
vinayelām ōṭiyē pōkum
mālavan marukan unnāl
manadinil inbam chērum

En se prosternant à Tes pieds, on éloigne le malheur,
on obtient la paix intérieure et le bonheur, O Muruka.

Kumaranē guruvāy vandāy
kundramellām nī nintrāy
samaril arakkarai venṭrāy
saravaṇa bhava ōm tantāy

O Seigneur bien-aimé ! Tu as joué le rôle du guru.
Tu as établi Ta demeure dans les montagnes sacrées.
Tu as triomphé des démons au cours de la bataille
et Tu as donné le mantra « Om Saravana Bhava. »

VIŚĀL HṚDAYA DĒNĀ DĒVI

Viśāl hṛdaya dēnā dēvi
prēm kē mārg pē chal sakē
svārth bhāv kō har kē ham
ōrō kē ghāv bhar sakē

Puisse notre cœur s'ouvrir par Ta grâce, O Déesse,
afin que nous marchions sur la voie de l'Amour.
Abandonnons notre égoïsme et guérissons les plaies d'autrui.

Śraddhā hamkō dēnā dēvi
vivēka kī dṛṣṭī rahē
apnē dharma kō samajha kē ham
apnē karma kō kar sakē

Accorde-nous la foi et la vigilance, O Déesse, afin que nous
soyons capables de discerner (entre l'éternel et l'éphémère).
Donne-nous la capacité de saisir où est notre devoir
et d'agir en conséquence.

Viśvās pūrṇṇa karnā dēvi
nitya tṛpta avasthā rahē
hōyē jō vō ichā tērī
ēsā ham svīkār karē

Rends notre foi parfaite, O Déesse, afin que nous soyons
toujours satisfaits. Donne-nous la capacité d'accepter
tout ce qui arrive comme Ta volonté divine.

Jay paramēśvarī jay jay mā
jay sarvēśvarī mērī mā
jay śivaśamkari jay jay mā
jay abhayakari mērī mā

Salutations à la Déesse suprême, à la Déesse universelle, salutations à l'Epouse de Shiva, à la Déesse qui accorde refuge.

VRAJ MĒ AISĀ

Vraj mē aisā mach gayā ṣōr
chalē kanhayā jamunā kī ōr
rās rachānē chalē nand kiṣōr
dhūm machānē chalē mākhan cōr

Grand branle-bas dans Vrindavan : Krishna se dirige vers la rivière Yamuna. Le Fils de Nanda va danser la rasa lila, le divin voleur de beurre va célébrer une fête !

Muralī dhun bahnē lagī
dam dam dōl bhī bajanē lagā
śyām kō dēkh sab rah gayē dang
chaḍ gayā unpē mōhan kā rang

La mélodie de la flûte se fait entendre, le tambour (dhol) résonne en faisant « dum-dum ». A la vue de Shyam, tous sont sous le charme. L'humeur joyeuse du Seigneur se communique à tous.

Kānhā hē ēk gōpi anēk
kiskē sang vō rachāyēngē rās
śyām kī yē līlā tō dēkh
vō hē khaḍē har gōpi kē pās

Il n'y a qu'un seul Krishna mais de nombreuses gopis.
Comment va-t-Il faire ? Avec laquelle dansera-t-Il ?
O, voyez le jeu étonnant du Seigneur Krishna !
Le voilà aux côtés de chacune des gopis !

Dam dam dam dam bājarē ḍōl
cham cham cham cham pāyal kī bōl
tāthaiyā tāthaiyā nācē sabhī
harī harī harī harī gāyē sabhī

Le tambour bat au rythme de « dum-dum dum-dum »,
les bracelets de cheville tintent « cham-cham cham-cham »,
les danseurs dansent « thataiya-thataiya »
et tous chantent « Hari Hari Hari Hari. »

YAMUNĀ TĪRA VIHĀRĀ YADUKULA

Yamunā tīra vihārā yadukula tilaka nandakiśōrā
rādhāhṛdaya vihārā gōkulabālā gōpakumārā

O Krishna, Tu joues sur les berges de la rivière Yamuna,
Tu es la perle du clan des Yadus, Fils de Nanda, Tu vis
dans le cœur de Radha, O petit pâtre, Protecteur des vaches.

Gōpī śata vṛta kṛṣṇā kāliya
damana kāmitavaradā
bhāmā rukmiṇi sahitā
śyāmala varṇṇa mōhana rūpa

Tu es entouré de centaines de gopis, O Toi qui a triomphé

du serpent Kaliya. Tu nous accordes les faveurs que nous désirons, Compagnon de Sathyabhama et de Rukmini, Enfant au teint sombre et à la glorieuse beauté !

Hari gōvinda jaya gōvinda jay jay gōpālā (2x)

Hari Govinda! Gloire à Govinda! Gloire à Gopala!

Karunā sāgara hṛdaya kavinuta
charita mamgala sadana
nīlōl pala samanayanā nārada
vinuta vēdavihārā

O Krishna, Ton cœur est un océan de compassion,
les sages tels que Narada célèbrent Tes exploits.
Tes yeux ont la forme des pétales de lotus, Demeure
de tout ce qui est propice. C'est Toi que décrivent les Védas.

Gītānāyaka dēvā dēvaki
tanayā tāraka nāmā
pītāmbaradhara śaurē pāvana
charaṇa pāhimukundā

O Etre céleste, Personnage principal de la Gita, O Fils de Dévaki, Ton saint nom est une protection. Petit fils du roi Surasena, vêtu de soie jaune, O Mukunda, Tes pieds sont purs, sauve-moi !

YĀVARKKUM TĀYĀNA AMMĀ NĪ

Yāvarkkum tāyāna ammā nī
yārenṭru śolvēnammā (2x)

O Mère, Tu es devenue la Mère de tous les êtres, comment Te décrire ?

Kamalamēvum tirumakalai enakku
kavitai tanta kalai magalai
imayavalli malai magalai enkal
idayam vāzhum alai magalai

O Reine de la prospérité, assise dans le lotus, Reine des arts, Tu es l'Inspiratrice de ma poésie. O Fille du Dieu des montagnes enneigées, Tu demeures dans nos cœurs, Déesse de la pureté.

Idaya kadavi tirantankē - nī
enakku kātchi tara vēṇdum
udaya vānil pēroliyai
un mukha darṣanam tara vēṇdum

O Mère, ouvre la porte de mon cœur et accorde-moi Ta vision. Que Ton visage brille en moi avec l'éclat de la pleine lune.

Ammā guruvāy varuvāy kāttarulvāy
amṛtapuri vāzhum enkal tāy

O Mère d'Amritapuri, viens, sois notre guru et accorde-nous Ta protection.

Chalankai oliyai kēṭṭiṭavē - makkal
chañchalaṅgal parantu vidum
padankal paniyum vēlayilē - vīṭṭil
pāva vinaikal parandu vidum

Dès que nous entendons tinter Tes bracelets de cheville, tous nos chagrins s'évanouissent. Lorsque nous vénérons Tes pieds sacrés, nos péchés disparaissent.

Tāyēnna unnai charaṇ pukuntēn - ammā
dayavudan kāthu arul taruvāy
sēyēna enkal tuyar kalaivāi
chintai makizhntiṭa varam taruvāy

Je prends refuge en Toi, ma Mère, daigne me protéger
et m'accorder Ta grâce. Accepte-moi comme Ton enfant,
efface mes souffrances et donne-moi la joie.

English Bhajans

BLESS ME WITH YOUR DARSHAN MA – (DE DARSHAN MA)

Bless me with Your darshan, Ma,
fill me with Your grace, Amma.

What can I count on, whom can I trust in?
All in this world, Amma, passes away.
The only unchanging truth is Your love,
Amma, only Your love remains the same.
Jay Jay Ma (2x)

Take me in Your arms; hold me there always.
Awaken divine love; open my heart.
Let Your river of love flow through me
Amma, carry me beyond life and death.
Jay Jay Ma (2x)

BLISSFUL KNOWER OF TRUTH – (ANANDAMAYI BRAHMAMAYI)

O most blissful knower of truth, Mother Divine,
Thy luminous beauty will shine forever.
O most blissful knower of truth, Mother Divine.

All Thy children cry for Thee, Mother of tenderness.
Thy holy vision is but a glimpse of Thy power.
Beyond the splendor lies Truth in its majesty
with glory as endless as Thy love.

Religions around the world have certainly hurt mankind
by feeding the arrogance that lives in the mind.
All creatures upon the Earth share in Thy gift of life.
Thy essence is dwelling deep within each one.

CLOSE TO YOU

All I want is to be close to You.
Hold me in Your arms one more time.

If You will be the sky, I will be searching for wings.
Everything I do I do for You

If You will be the trees, I will rest in Your shade.
You are all the comfort that I need.

If You will be my tears, I will be grateful for sorrow.
Deep inside the pain I feel Your love.

If You will be the wind, I'll be an open sail.
Helpless I am waiting here for You.

If You will be the rain, I'll be in love with the clouds.
You're the answer to my deepest prayer

If You'll be in my dreams, I will cherish the coming of
darkness. Seeing You I slowly lose all fear.
If You will be the song, I will fill my life with music.

Everything I feel comes from You.

COME CHILDREN – (OMKARA DIVYA PORULE)

Come children leave all your sorrow,
find the Truth that is dwelling within you.
OM is the essence of all you are searching for.
OM is your own true nature. OM.....

Peace can be found in the stillness
of a mind that knows only silence.
Aim every thought at the goal of eternal Truth,
let not your path ever waiver.

Children beware of your actions,
every seed that you plant you must harvest.
Strive to become always loving and kind,
and the fruit that you taste will be tender.

All of this world is maya,
weaving powerful spells of illusion.
What is not real appears as the truth
in the clever disguise of ego.

Be not enchanted with praises,
nor let there be words that offend you.
All that you need to remain ever calm
is a heart full of love and devotion.

Search for your life's true meaning.
Never feel it's an endless journey.
Just as a candle blown out by the wind
any moment your life may be over.

Children, Divine is your nature.
Never grieve for the past or the future.
Fear not for Mother is holding your hand.
Break this illusion of sorrow.

COMFORT ME – (ANANTA MAMI)

O Holy Mother comfort me.
Let me hear You once more whisper my name.
Lonely and helpless like dust in the wind,
I'm lost in this infinite world.

My burdens are many my pleasures are few.
Why is it fate always takes me from You?
Long have I waited to see You again.
Promise me You'll never go.

Lead me to truth on a path that is sure.
Bless me with thoughts that are gentle and pure.
Free my mind from blinding pride,
I will be humbly Yours.

Only from You can my heart learn to sing.
Grace is the sun that reveals everything.
Grant me solitude to contemplate Thee,
shining before me again.

DIVINE MOTHER AND FATHER – (TWAMEVA MATA)

Divine Mother and Father You are to the soul.
Both family and friend in Your arms can be known.
You have all wisdom and wealth in Your love.
It is all that a heart ever dreamed to behold.

EVERY BIRD IN A CAGE

Every bird in a cage always dreams of its freedom
and sings its song imagining the sky.
When Your love opens wide all the doors to my heart
then my soul will learn to fly.
Jay Ma (6x)

I am lost in the wilderness of sorrow and confusion,
stumbling I cry out Your name.
As the moon lights the path for the lone and weary traveler
I need Your Grace to show me the way.
Jay Ma (6x)

In the arms of my Mother I'm a child fast asleep,
safely cradled in Her warm embrace.
From the tempest of my mind I am desperate for relief,
Amma, once more let me look into Your face.
Jay Ma (6x)

GIVE ME REFUGE – (ABHAYAM TAN ARULUKA)

Give me refuge and appear within me.
Grant me this prayer my beloved Krishna.
Like the full moon bright in the night sky,
shine in my heart forever.

Your grace is a shower of ambrosia
to quench the embers of my sorrow.
You are the Essence of Truth,
please bless me with Thy vision.

I'm a stranger lost in the forest
with no one to share this lonely journey.
Comfort me with Thy grace Sri Krishna.
You are the Ocean of Compassion.

That the lamp of love may burn brightly,
pull up the wick dearest Krishna.
Like the sweetest flowers in nature,
let me see Thy feet before me.

GIVE US GRACE – (SHAKTI DE BHAKTI DE)

Give us grace, give us love, Mother hear our prayer.
Grant us strength for devotion, innocent and pure.

Free us to merge with You. Just a gaze will lift our soul.
Please fill our wish today, have compassion Amma.

Held in the grand illusion, we are restless for Truth.
Will You light the lamp of knowledge, and give inner peace?

Caught in the sea of dreams, deeper than a mind can hold.
Your light brings higher purpose, blessing simple hearts.

Bless us with Your grace. Bring us to Your peace.
Teach us with Your song. Hold us in Your love.

I'M LONGING FOR YOU – (MILNA TUJHE)

O Amma, I'm longing for You.
Please tell me what to do with this heart.
I am longing to be near You.
Your Children cannot forget You.

Once You've held them and dried their tears, Amma?
Once You've held them, they can't forget You.

Have You always been with me,
guiding me throughout eternity?
Have You always been with me, buried deep inside?
Can Your children ever forget You, Amma?

Once they have tasted Your love? Amma,
they can't forget You.
Amma is a sea of mercy,

forgiving everyone completely.
Amma, Your heart is endless,
giving love so selflessly.
Your children wait for love.

They are crying all alone in their pain
But Amma will not forget them.

IN THE STILL OF THE NIGHT – (RAJA RAM)

In the still of the night, from the darkness comes a light.
And I know in my heart it is You. (2x)

When the fire in my soul burns with longing for the goal,
Then I know in my heart it is You. (2x)

When the Truth is revealed all the sorrow will be healed,
And I'll know in my heart it is You. (2x) Jay ma.

KRISHNA PLAY WITH US – (VINATI HAMARI)

Have you heard us calling for You?
Krishna, are You hiding?
Can You tell us if we have done wrong?
Please come back and tease us.

Living fire of ecstasy is in Your devotion.
Take us to the place where You live, eternal sweetness.
Krishna come, Krishna come,
Krishna come play with us.

We have waited through the night.
Are You coming Krishna?
We are captured by Your beauty,
we're crying for You.

Please won't You return to dance,
even for a moment?
Life becomes so dreary, Krishna,
without divine mystery.

LET MY SPIRIT FLY TO YOU

Let my spirit fly to You.
No place could be too far.
Remove this cloud of ignorance
and show me where You are.

Let my spirit sing to You
of voices no one hears.
Of those who suffer silently,
no one to wipe their tears.

Let my spirit dance with You.
In Your arms I have no fear.
The rhythm of Your graceful step
is all I want to hear.

Let my spirit pray to You.
Let hunger soon be gone.
Let hate and anger disappear
as darkness at the dawn.

Let my spirit bow to You
as the Earth beneath Your feet.
The essence of humility
is found in love so sweet.

Let my spirit merge with
You as a wave into the sea.
I hear You softly whispering,
come home my child be free.

LIGHT OF TRUTH – (BANDHAM ILLA)

No one sees that all we have
will one day disappear.
At the time of death your sole companion
is the light of truth.

Sadly, we keep holding on
to what was never ours,
We forget that on the final journey
all have empty hands.

If you yearn to know what is real,
turn your gaze within,
for the essence of the universe
is living in your soul.

There the self shines like a jewel,
glorious and pure.
Come and find the place that has no sorrow,
only love is there.

Selfishness and ignorance
have spoiled the heart of man.
Only when the storm of ego passes,
knowledge then will dawn.

Find the purpose of your life
as a river finds the sea.
To love and to serve all living beings
is to become free.

LIVING GODDESS – (VISHVA MANAVA)

Living Goddess with enchanting beauty,
You have charmed all humanity.
All Your life is a sacred message,
full of love and humility.

In my heart are a thousand prayers.
In my mind are a thousand songs.
In my soul there's only silence,
dreaming of Thy holy Form.

O how brilliant is Thy presence.
All the heavens bow to Thee.
In the song of life eternal,
You're the precious melody.

In the sunshine of Your smile,
pure compassion floods the world.
Goodness blooms like tender flowers
in the hearts of everyone.

MOTHER OF IMMORTAL BLISS – (SNEHAMRITANANDANI)

Mother of immortal bliss,
gently reverent in robes soft and white,
Master of wisdom and charm,
Amma, supreme Goddess divine.

Amma, enchanting Mother of bliss,
You hold us in universal love.
Rivers of nectar flow from Your heart.
You show us the true Essence of Om.

You have compassion for all,
giving meaning to supreme love.
Your music celebrates with prayer.
You are divinely radiant with grace.

Knower of ancient truth,
deep awareness filled with joy.
Ambrosia for every soul,
ever peaceful, the goal of our heart.

Aware of each one's need,
a creative dance of light.
Oneness that liberates the mind,
Amma, living blossom of truth.

MOTHER SEND YOUR LOVE TO ME

The sun is drowning in the western sea,
another day gone by.

Mother send Your love to me
and wipe these tears from my eyes.

Day after day I go on like this,
an empty-hearted fool.

When will You give me a taste of the bliss
so deep inside of You?

Mother please give me a taste of the bliss
so deep inside, so deep inside of You.

Must I grow older in this loneliness
so far apart from You?

To end this longing and this emptiness -
Mother what more can I do?

Why did I take this human birth
if You won't set me free?

The sun, My eyes, this whole Earth,
we're drowning in Your sea.

Mother what more can I say to You
so You will understand?

My heart, my hopes, my whole life too,
they're resting in Your hand.

RISE UP MOTHER KALI – (JAGO MA)

Rise up, Mother Kali, arise.
Rise up, Mother Kali, arise.

My thoughts and desires are overpowering me.
They will carry me away; they will imprison me.
Yet one glance from You, Kali, will drive them away.
Kali, rise up and save me. Come and rescue Your child.

Won't You show Your compassion and come to my aid?
Are You sleeping, dear Kali, or testing my faith?
If You don't save me, all will say my mother has no heart.
Kali, rise up and save me. Come and rescue Your child.

TAKE ME DEEP IN YOUR EYES

Take me deep in Your eyes, far away from my life,
to the place where we all become nothingness.
Take me deep in Your eyes, far away from my mind,
to the place where we all merge with everything.

Everywhere You go, I will be there with you.
No matter if it looks like I am here.

I have placed my heart, like a flower, at Your feet.
This night of sorrow ends when You are near

All throughout my life, I have cherished just one dream,
the dream of knowing love that is divine.
When Your magic smile reached deep into my soul,
the tender light of hope began to shine.

Many tears have fallen on the ground where You have stood;
I'm drifting in a sea of memories.
Faith is my sole friend as I wait for Your return
and listen for Your voice in every breeze.

Some pray for salvation, some pray to be healed,
some will pray to realize the Truth.
Every night and day like a song that has no end,
I pray that I may always be with You.

THE SWEETNESS OF DEVOTION

The sweetness of devotion,
like a gentle morning rain,
Will cleanse the heart of selfishness
and wash away the pain.

The fear of separation,
like shadows in the night,
will vanish as the dawn of Truth
reveals its golden light.

The tears that come from longing
flow like rivers made of fire.
They burn into my aching heart
like embers of desire.

The secret of surrender
lives in children everywhere.
They love the world with innocence,
and laughter that they share.

To all who wish for happiness,
remember what is true,
the love you give with every breath
will soon return to you.

YOU'RE THE ESSENCE – (ULLAKATTIN ADHARA)

Mother, You're the essence
that lives in everything.
You're the source of inspiration
only love can bring.

In this world of pain and sorrow,
You bring only joy.
Guiding all with perfect wisdom
You are Truth Divine.

Take me by the hand, Amma;
show me how to be.
Come and dwell inside my heart
for all eternity.

I have seen the tender mercy
deep inside Your eyes.
Bathe me in Your sweet compassion,
treasure of my life.

Table des Matières

L'importance du chant dévotionnel **IV-3**

Guide de la prononciation **IV-4**

Ādiśakti brahmāmṛta IV-7
Ādiṣēṣa ananta ṣayana IV-8
Akatārilarivinte IV-9
Akattil irruppavale IV-10
Ākhilāṇḍēśvarī ambē IV-11
Ambā bhavānī parātparē IV-12
Ammā ammā bhairaviyē IV-13
Ammā kī chāyā mē IV-15
Ammā un punnagayil IV-16
Ammayupēkṣa IV-17
Amṛta dāyiniyammē IV-18
Amṛtakalē ānandakalē IV-19
Amṛtamayī prēmamayī IV-20
Amṛtānandam choriyunnammē IV-21
Amṛta vāhini IV-22
Amṛtēśvarī hṛdayēśvarī IV-24
Amṛtēśvarī jagadīśvarī hē mātṛrūpa IV-25
Amṛtēśvarī śritapālinī IV-26
Ānanda jananī IV-28
Ānanda vīthiyilūdente IV-29
Ananta rūpiṇi IV-32
Anbāṭikkaṇṇante pādaṅgal IV-33
Āsū bharē IV-34
Ati ānanda dē IV-35
Āyī hē hōli IV-36
Bhagavān kṛṣṇā ākar IV-38
Bhakti dē mā IV-39
Bhavāni jagadambē IV-40
Bōlō bōlō gōkula bālā IV-41

Chōṭī chōṭī gaiyā IV-41
Chintanai cheytiṭuvāy IV-42
Darśan ki ichā hē tō IV-43
Dēvi śaraṇam IV-44
Dīna jana dukha hāriṇi ammē IV-45
Dīna nāthē IV-47
Ēk din kāli mā IV-48
Ellāmirikkilum IV-49
Enaikkākka unaiyanṭri IV-50
Ēṅgum un arul mazhaiyē IV-51
Ennullil minnunna IV-52
Gaṇanāthā ōm gaṇanāthā IV-53
Garudha vāhanā IV-54
Gāū rē tujhē abhanga IV-55
Gīt nahī IV-57
Gōviṇda gōpālā hari hari IV-58
Guru charaṇam guru IV-59
Guru kṛpā dṛṣṭi IV-60
Hara hara mahādēvā śambhō IV-61
Hē mādhavā IV-61
Iṣwar tumhi dayākarō IV-62
Jāgō mā kāli jāgō jāgō IV-63
Jāgō mērē pyārē bālā IV-64
Jahān dēkhū IV-65
Jal rahā hē IV-66
Jaya durga durgati IV-67
Jaya jānakijīvana rāma IV-68
Jay gaṇēśa jay gaṇēśa IV-69
Jay hō harē rām IV-70
Jay jagadambē jay jagadambē – (jag kī tṛṣṇā miṭānē kō) IV-71
Jay jagadīśvarī IV-72
Jay jay durgē IV-73
Jay jay satguru IV-74
Jay jay śyāmala IV-75

Jay kalyāṇī jay bhavānī	IV-77
Jay kalyāṇī jay bhavānī (Marathi)	IV-78
Jinki karuṇā hē apār	IV-79
Jīvitamennum	IV-81
Kaisā sandēśā	IV-82
Kākkai chiraginilē	IV-83
Kālam kanalu	IV-84
Kālindi kālil	IV-85
Kaṇmalar tirantu	IV-86
Kaṇṇaṇai kandāyō nī	IV-87
Kaṇṇā vā vā vā	IV-89
Kaṇṇīr kaṭalukal	IV-90
Kara lō naiyā pāra	IV-91
Karayum kārmukil	IV-92
Karppūradīpam	IV-93
Karuṇā mayĪ snēha aruṇōdayam	IV-94
Kāruṇya pīyūṣadhāmam	IV-96
Kaṭalōram tapamceyyum	IV-97
Kitī ānanda rē (Marathi)	IV-98
Kṛṣṇā murāri (yamunā tīra)	IV-99
Kṛṣṇanai bhajanai śeyvāy	IV-100
Kuch na lē	IV-101
Lē lō śaraṇa mē mā	IV-102
Mahādēvā śambhō mahēśā	IV-103
Māhiṣāsura mardini	IV-105
Mahita snēham	IV-106
Mā jagadambē	IV-107
Mā jay jagadambē mā	IV-109
Mā jay mā karlē japan	IV-110
Mā kī nāv	IV-111
Mamgala varadā	IV-112
Manamiruṇṭuven	IV-113
Manasā chēyi smaraṇa	IV-114
Manassoru māyā	IV-114

Māṇikkakiṅkiṇi ārthia	IV-116
Mānilāttāye	IV-117
Maṇivarṇṇan vannĪla	IV-118
Maṇṇōrkkum viṇṇōrkkum	IV-120
Māyaiyenṭra pēyinai	IV-121
Mērī dhaḍkan tērā nām	IV-122
Mōrē lāgē	IV-123
Mujhkō kṣmā	IV-124
Muralī dhara sundara	IV-124
Mūrūkā mūrūkā vēl mūrūkā	IV-126
Nām japana kyōm chōḍ	IV-127
Namō namaḥ	IV-128
Namō namastē	IV-129
Nandakumāra vanditarūpa	IV-130
Neñjam niraintavanē	IV-131
Nētraṅgalē niṅgal	IV-132
Neyyapantam yētriya dīpam	IV-133
Nīla nīla mēgha varṇṇā	IV-134
Nin mukham kāṇumbōl	IV-136
Ninṭra tirukkōlam kaṇṭēn	IV-137
Ōm bhadra kāli śrī bhadra kāli	IV-138
Ōmkāra divya porūlē – 14	IV-138
Ōm namō namaḥ śivāya	IV-150
Oru mandiram ariya	IV-151
Oru mandiram ata	IV-152
Oru mōhaminnitā	IV-154
Ō vāsudēvā	IV-155
Pādamūlattile pāmsuvāy	IV-156
Pādāravindhangal	IV-158
Pannagābharaṇa	IV-159
Pasiyentrāl uṭan	IV-160
Paṭi pukazhttuvān	IV-161
Pāvani dayākari	IV-163
Poṭṭikkarañña	IV-164

Prēma kā dīpa jalā dō	IV-165
Prēma kī agan hō	IV-166
Prēma mē jiyō	IV-167
Rādha tan sandēśam	IV-169
Rādhē kṛṣṇā (gōpikā ramaṇa)	IV-170
Rādhē rādhē gōvinda	IV-171
Rāga vairikal niṅgitum	IV-172
Rāmachandram manōbhirāmam	IV-173
Rāmachandra raghuvīra	IV-174
Rāsa vihārī	IV-175
Ruṭhā hē kyō mērē lāl	IV-176
Śakti dō jagadambē	IV-177
Samasta pāpanāśanam – (viṣṇu pañcakam)	IV-179
Śamkarā śiva śamkarā	IV-180
Śankarjī kā ḍamaru bōlē	IV-181
Śaraṇam śaraṇam kāli	IV-182
Sarvajagattinum ādhāram	IV-183
Sarva mamgala	IV-184
Śiva śaktyaikya rūpiṇī	IV-185
Śiva śiva śiva śiva nāma	IV-186
Śōkamitentinu	IV-186
Śōkamōha bhayāpahē	IV-187
Śṛī kṛṣṇā śṛī hari kṛṣṇā	IV-189
Śrī rāma jaya rāma dāśarathē	IV-190
Śubhra sarōruha nilayē dēvi	IV-191
Svīkarichīṭu mama mānasa pūja	IV-192
Takutiyillā	IV-194
Tapta mānasam	IV-195
Tarumūla nivāsinam – (śiva pañcakam)	IV-197
Tāy irukka pillai	IV-198
Tirayunnu ñān ninne	IV-199
Tirumukha darśanam	IV-200
Tūnka karimukatthu	IV-201
Tyāga diyā tūnē	IV-203

Uṇṇum sōrum IV-204
Un vāsal tēṭi IV-205
Vāgadhīśvarī IV-206
Vāṇi sarasvati IV-207
Vardē mātā jagadambē mātā IV-209
Vardē vardē jaya vardē IV-210
Varuvānamāntram IV-211
Varuvāy varuvāy gaṇapatiyē IV-212
Veṇṇai uṇda vāyināl IV-213
Vēṇu gōpālā IV-215
Vidhitākhila IV-216
Viṇṇavar pōtriṭum IV-218
Viśāl hṛdaya dēnā dēvi IV-219
Vraj mē aisā IV-220
Yamunā tīra vihārā yadukula IV-221
Yāvarkkum tāyāna ammā nī IV-222

English Bhajans IV-225

Bless me with your darshan ma – (de darshan ma) IV-225
Blissful knower of truth – (anandamayi brahmamayi) IV-225
Close to you IV-226
Come children – (omkara divya porule) IV-227
Comfort me – (ananta mami) IV-228
Divine mother and father – (twameva mata) IV-229
Every bird in a cage IV-229
Give me refuge – (abhayam tan aruluka) IV-230
Give us grace – (shakti de bhakti de) IV-230
I'm longing for you – (milna tujhe) IV-231
In the still of the night – (raja ram) IV-232
Krishna play with us – (vinati hamari) IV-233
Let my spirit fly to you IV-233
Light of truth – (bandham illa) IV-234
Living goddess – (vishva manava) IV-235
Mother of immortal bliss – (snehamritanandani) IV-236

www.ingramcontent.com/pod-product-compliance
Lightning Source LLC
LaVergne TN
LVHW050044090426
835510LV00043B/2881
9781680376432